U0084494

無法改變別人的看法，
可以改變自己的想法。

只為成功找出口，
不為失敗找藉口

林芸 著

前　言

　　經常聽到一些人埋怨自己的時運不濟，命運不公。評價別人的成功，也總是一味強調人家的「運氣好」。實際上，機會對每一個人都是平等的。在人生道路上，不錯過每一個展現自己的機會，才能使自己得到別人的認可和賞識。

　　在人才輩出、競爭日趨激烈的情況下，機會一般不會自動找到你。只有我們自己敢於展示自己，讓別人認識我們，吸引對方的眼球，才能可能尋找到各種機會。

　　一個善於表現自己的人，他的成功機會就會比別人多得多。不懂得恰當展示自我的人最可悲，因為這會使我們與許多成功的機會失之交臂！

　　那些埋怨機會為何不降臨在自己的頭上的人，總覺得自己懷才不遇，因而牢騷滿腹。其實，成功不是沒有機會，而是他們沒有很好地識別機會、抓住機會、利用機會而已。

　　所以，愚者錯失機會，智者善抓住機會，成功者創造機會這種說法不無道理。機會對每個人而言都是平等的。但機會只肯垂青那些有備的人。要想在職場取得成功，就要抓住每一個展現自己的機會，塑造卓越的自我。

機會往往不是別人給予的，機會是靠自己努力去爭取、用心去把握的。有的人眼睜睜地看著大好的機會從眼前溜走，卻整日裏抱怨命運之神為何不垂青於他；有的人積於平時，慢慢的積蓄力量，待機遇的靈光稍一閃現，便能緊緊地把握住，獲得成功。

　　只有不思進取的人才會總是抱怨沒有時間、沒有機會，而善於用心把握機會的人往往都是在孜孜不倦地努力著。對於他們而言，每一天生活的場景，每一次遇到的人和事都是機會，都會給他們的個人能力注入新的能量。

　　因此，不要為失敗找藉口，而要為成功找出口。

目 錄

CONTENTS

第三輯

CHAPTER 3

相信你自己

第四輯

CHAPTER 4

魔法的戒指

第五輯

CHAPTER 5

想改變命運的人

CONTENTS

CONTENTS

第一輯
你到底錯過了什麼？

01 打開人生的瓶頸

胡適先生曾說，做學問應該「大膽的嘗試，小心地求證」，其實人生又何嘗不是如此！

有位科學家曾做過這樣一個試驗──

把幾隻蜜蜂放在瓶口敞開的瓶子裡，側放瓶子，瓶底向光，蜜蜂會一次又一次地飛向瓶底，企圖飛近光源。它們絕不會反其道而行，試試另一個方向。因為瓶中對它們來說是一種全新的情況，是它們的生理結構始料未及的情況。因此，它們無法適應改變之後的環境。

這位科學家又做了一次試驗──

這次瓶子裡不放蜜蜂，改放幾隻蒼蠅。瓶身側放，瓶底向光。不到幾分鐘，所有的蒼蠅都飛出去了。它們多方嘗試：向上、向下、面光、背光。蒼蠅常會一頭撞上玻璃，但最後總會振翅飛向瓶頸，飛出瓶口。

然後，科學家解釋這個現象說：「橫衝直撞要比坐以待斃高明得多。」

智慧之泉

在解決問題時，換個角度或換個方向試試，或許會收到意想不到的結果。如果只是一味地鑽牛角尖，只能是「撞了牆還不回頭」。

02 你到底錯過了什麼？

憑藉外在的機遇而一夜暴富的人，與憑藉自己的毅力踏實奮鬥而致富的人，有質的區別。前者很快就會被虛榮所害，千金散盡；而後者會堅持不斷地努力，來擴大自己的財富。

你年輕聰明、壯志凌雲。你不想庸庸碌碌地了此一生，渴望名聲、財富和權利。因此你常常在我耳邊抱怨：

那顆因「地心引力」而落下的著名蘋果，為什麼不是砸在你的頭上？那只藏著「大珍珠」的巨貝，怎麼就產在巴拉旺而不是你常去游泳的海灣？矮個子的拿破崙偏能碰上約瑟芬，而英俊高大的你總沒有人來垂青？

於是我想成全你，先是照樣給你掉下一顆蘋果，結果你把它吃了。我決定換一個方法，在你閒逛時將碩大無比的卡里南鑽石偷偷放在你的腳邊，將你絆倒，可你爬起後，怒氣沖天地將它一腳踢到陰溝裡。

最後，我乾脆就讓你法國皇帝拿破崙，不過你的遭遇也將像他一樣，先將你抓進監獄，撤掉將軍官職，趕出軍隊，然後將你身無分文地拋進塞納河邊。

就在我催促約瑟芬駕著馬車匆匆趕到河邊時，遠遠地聽到「撲通」一聲，你畢竟不是拿破崙，你已經無法承受殘酷命運的摧殘，已經先自暴自棄，投河自

盡了。

　　唉！我用心良苦給你無數次的機會！可是，你錯過的僅僅是機會嗎？

智慧之泉

機遇似魔鬼，來時令人手足無措；機遇又似仙女，去時令人追悔莫及。平庸的人默默等待機會，聰明的人善於抓住機會，而智者勇於創造機會。變幻的世界，五彩的人生，機遇無處不在，無時不有，就看你是否時刻準備著。

03 自我暗示

一個人如果能夠利用「自我暗示」的效果，那份力量，絕對是超乎你的想像。

有一位王子，長得十分英俊，但卻是一個駝子，這個缺陷使他非常的自卑，以致對他的人生缺少自信，而鬱鬱寡歡。

有一天，國王請了全國最好的雕刻家，刻了一座王子的雕像。

雕刻家刻出的雕像沒有駝背，背是直挺挺的，十分完美。

於是，國王將此雕像豎立於王子的宮前。

每天，當王子在宮門前看到這座雕像時，心中都產生一種震撼。

幾個月之後，百姓們說：「王子的駝背不像以前那麼嚴重了。」當王子聽到這些話時，他的內心受到了無比的鼓舞。

有一天，奇蹟出現了，當王子站立時，背是直挺挺的，與雕像一樣。

智慧之泉

一個人是什麼，是因為他相信自己是什麼。人的許多缺陷都是由自己的心理造成的，正所謂「相由心生，相隨心滅」。

04 破窗理論

不管貧富，一個人如果不自己踐踏自己，他將永遠不被別人所踐踏。

有一項心理學實驗是這樣的——

將兩輛外型完全相同的車子停放在類似的環境中，其中一輛車的引擎蓋和車窗都是打開的，另一輛則門窗緊閉的情況。

車窗打開的車輛在三天之內就被人破壞無遺，而另一輛車則完好無損。但是當實驗人員將完好車子的窗戶打破了一個之後，一天之內，車上所有的窗戶都被人打破了，內部的東西也被偷盜一空。

這項實驗就是著名的「破窗理論」。

智慧之泉

「破窗理論」認為，既然是壞的東西，讓它再破一些也無妨。在許多人的心理中，完美的東西，大家都維護它，捨不得破壞；但對於殘缺的東西，大家就會加速它的損壞程度。

05
美的效應

　　人生要多觀察一些細微之處，因為成功人士與凡夫俗子的差別，往往表現在細微之處。

　　有一對夫婦開車經過一間鄉下的餐廳，停下來用餐時，太太借用化妝室。她一進化妝室便看見一盆盛開的鮮花，擺在一張舊式但卻非常雅致的木頭桌子上。洗手間裡收拾得很整齊，可說是一塵不染，這位太太使用過之後，很主動的把洗手台擦拭得乾乾淨淨。

　　太太回到車上之前，對餐廳的老闆說：「那些鮮花可真漂亮……」

　　「這位太太，妳知道嗎？我在那裡擺鮮花已經有十多年了。妳絕對想不到那小小的一盆花替我省了多少清潔工作！」老闆相當得意地說道。

智慧之泉

人的素質隨著環境的變化而變化，在五星級飯店，人們都會舉止高雅；而到了菜市場，人們就可能隨手亂扔垃圾。

愛與尊嚴

日本作家遠藤周作曾說：「『愛』並不是被很有魅力、很美的東西吸引。如果是因為魅力和美而被吸引，稱之為『熱情』，這與『愛』無關。『愛』往往是在捨棄之後才開始的⋯⋯

臨街的陽台，站著一位妙齡女郎。似水的明眸，如雲的秀髮，吸引路人禁不住抬頭看上兩眼。

一位英俊的年輕人途經此處，他被女郎的美貌攝去了魂魄，便找了個機會與她搭訕，向她示愛。

「如果你真的喜歡我的話，就請在陽台底下待上100天時間，我自會下樓來見你。」

只剩一天就到期了。女郎輕掀窗簾，偷窺那三個多月來紋絲不動地坐在那裡的英俊小夥子。結果，她驚奇地發現，那個「忠誠的騎士」正緩緩地站起身來，拿起椅子，若無其事地走了。女郎頓時昏倒。

99天！年輕人欠缺的看來不是耐心，他只是恰如其分地表達了自己的愛，又恰如其分地保留了自己的尊嚴。

智慧之泉

當兩人相愛時，男女雙方都會出一些形形色色的招法來考驗對方愛的程度。愛情需要檢驗，但要掌握一個「度」，超過了這個「度」，愛情就成了一種折磨，一種痛苦。

○7 沒有遺憾

有一件事情和死亡一樣，是無法逃避的，那就是——生存。

有位朋友是個登山隊員，一次，他有幸參加了攀登珠穆朗瑪峰的活動，在6400公尺的高度，他體力不支，停了下來。當他講起這段經歷時，我們都替他惋惜，問他為何不再堅持一下呢？再攀一點高度，再咬緊一下牙關。

「不，我最清楚，6400公尺的海拔高度是我那次登山體力的極限，我一點都沒有遺憾。」他說。

智慧之泉

認清自己，在恰到好處時戛然而止。悠然下山也是一種征服，征服了自己的生命。有些事，需要及時收場，需要重新再來。只懂得一次成功的人，也許不能做成真正的大事，而且很可能因自我陶醉而導致失敗。

不要輕易同情

08

同情的話，可以表現你的關懷，但激勵的話，則更會引導人走向自強而不再顧影自憐。

兩歲多的兒子在玩球時，突然腳下一個踉蹌摔倒了。妻子走上前去一邊扶他一邊說：「乖乖，不哭。」兒子反而更加大哭起來。

我對妻子使了一個眼色示意她離開，然後我站在幾步遠望著摔倒的兒子說：「堅強一點，爬起來。」果然，他自己慢慢爬起來了，而且不再哭泣。

我的鄰居保羅因為機器事故失去了一隻手，許多親朋好友都來安慰他、鼓勵他，並報以同情的淚水，我去了之後，帶著微笑，並給他講了許多笑話。

我臨走的時候，保羅笑著說：「謝謝你，其實我需要的不是眼淚，這一點，你心裡是很清楚的。」

於是，我看到了病房裡和保羅的臉上都灑滿了陽光，悲傷和惆悵卻消失得無影無蹤了。

不要同情，並不意味著我們的冷酷無情，而是要求我們以更博大的胸懷，更赤誠的善良去面對萬物眾生。在生活中，無論我們是為了受傷者而垂淚，還是為了勝利者而歡心鼓舞。這一切都應該是從尊重彼此開始的。

因為只有正視了現實，才會激發一個人潛在的精神意志，才會讓弱者在黑暗中看到希望，更加讓他們

知道，只有堅強起來才是擺脫困境和命運的唯一途徑。每個人都應該從他人的痛處看到自己的痛處，也要從他人的優勢看到自己的優勢。

　　即使在我們面前的只是一棵柔弱的小草，我們也無須為之同情，因為我們生存的理由並不會比一棵草存在的理由更為尊貴和優越。

智慧之泉

同情弱者，會使弱者更弱，因為有時同情只能使其意志更加消沉，你可以將你的同情心點燃成鼓勵的火把。

09 生活的擔子

每個人都有其生活的擔子，走過一生，我們追求的並不是要想辦法去卸下擔子，而是要學習如何挑起擔子。

有一個人對自己的人生十分不滿，他每天都感覺生活的擔子越來越沉重，幾乎到了不能忍受的地步了，他想不通為什麼會這樣，他想讓自己變得輕鬆起來，於是他慕名去尋找一位智者討教。

他走了一天，終於在山中找到了那位智者，智者正背著一個籮筐在山中撿柴。

他給智者講了自己的問題。

智者沒有回答他的問題，只是說：「你先替我背上這個籮筐吧。」

他替智者背著籮筐，他們往前走，智者不時的撿一些柴放在他背上的籮筐裡，到了最後，籮筐漸漸的滿了起來，智者問他有什麼感覺。

他說：「我只是感覺籮筐越來越滿了。」

智者說：「因為我一邊走著，一邊把柴放進了你的籮筐裡，你感覺生活也是如此，當我們來到這個世界上時，我們每個人都背著一個空籮筐，然而我們每走一步都要從這世界上撿一樣東西放進去，所以你就會感覺越來越沉重。」

他說：「我可以減輕這些負擔嗎？」

智者說：「工作、愛情、家庭、友誼……你願意捨棄哪一種呢？」

　　他沉思起來了，是啊，工作、愛情、家庭……都是沒有辦法割捨的啊！

智慧之泉

　　背上的籮筐讓我們感到沉重，因為裡面裝滿了人生的重負。背上的籮筐也讓我們快樂，因為裡面裝滿了人生自我實現的成果。

尋找自己的位置

你是否常悶悶不樂，認為自己不得志，其實你應該反省的是，你有沒有找對位置，並且坐好位置。

李斯是秦朝的丞相，輔佐秦始皇管理國家，是一個不可多得的人才。然而，就是這樣一位人才，在年輕時僅僅是一名小小的糧倉管理員。

李斯26歲時，是楚國上蔡郡府裡的一個看守糧倉的小文書，他的工作乏味而單調，就是負責每天記錄糧食的進出情況，日子一天天過去，李斯一直待在糧倉裡過著一成不變無所作為的生活。

有一天，李斯去上茅廁時，驚動了裡頭的一群老鼠。這群在茅廁內安身的老鼠，個個瘦小乾枯，毛色灰暗，身上又髒又臭，讓人一看就噁心至極。

看著這些老鼠，李斯不由得想起了自己管理的糧倉中的老鼠。那些老鼠，一個個腦滿腸肥，皮毛油亮，整日在糧倉中逍遙自在，與眼前茅廁中的這些老鼠相比真是天上地下！

人生如鼠，不在倉庫就在廁所，位置不同，命運也不同。自己在這個小小的縣城一直做著沒沒無聞的管理員，就像茅廁裡的老鼠一樣。

於是，李斯下定決心，要去換一個環境、去尋找適合自己的道路。

他投入秦國呂不韋的門下，後來被秦王任為客卿，建議秦王採取各個擊破政策兼併六國，在統一全國之後，幫秦始皇建立了強大的王國，同時也將自己推向了丞相的寶座。

智慧之泉

所處的環境不一樣，機遇也不一樣。你見不到外面的世界，就不會發現外面還有更廣闊的天地。這對你來說是一種機遇，最重要的是要尋找適合自己的發展平台，你是否已經找到了適合自己的發展平台呢？

11 李嘉誠談金錢

西方有句諺語說：「鄙視金錢的人，最後也將被金錢唾棄！」

李嘉誠先生兩次舉起了擺在桌前的礦泉水瓶，但他一口沒喝，倒是「透過水瓶」說出了自己對金錢的態度。

有一次，李嘉誠基金會西部教育計畫訪問團的一行人，一大早乘飛機抵達西寧後，在寒風中徑直驅車趕到位於市郊的一所大學。

在座談會上，當大學負責人談到校園網路建設需要資金800萬元時，李先生詳細詢問起光纖的舖設等情況，還沒等校方介紹完，李先生抓起桌前的礦泉水瓶，一個箭步走上前台，他指著手中的水瓶說：「本來生產這瓶水需要8萬，但在申請資金時卻說需要10萬，那麼多餘2萬就是浪費，辦多少事就該花多少錢。」等李先生拿著水瓶走下台時，對迎上前來的一位省府官員說：「只要是需要的，要我馬上拿出一個億，我也可以面不改色，但誰要在地下丟一塊錢，我也會立刻撿起的。」

中午，李嘉誠在聽取省政府介紹的幾個項目時，他再次舉起桌前的礦泉水對在場的人說：「這個水瓶的厚度已完全夠用，那麼我們為什麼還要花錢把它再加厚呢！」

再有錢，也不能浪費；要花錢，也要花在刀口上，這就是李嘉誠的金錢哲學。

李嘉誠先生今天給西部的建設者們帶來了一份厚禮，那就是「富甲天下」之人對「金錢」的態度。

許多成功人士在對待金錢問題上都有一個很理智的認識，在成功的理念中，都能夠很好地控制對資金的把握。如果沒有一個合理的資金運作理念，那麼你的事業就不可能有更長遠的發展。

智慧之泉

不能因為有了一點業績，就認為可以揮金如土了，要把金錢用到合理的地方上去，讓金錢發揮更有意義的作用。

12 縮短距離

每當我們聽到受了逆境傷害的人很可憐地在哭泣時，都會去安慰他。然而，一旦自己處於相同的痛苦時，則可能會和他一樣，甚至比他更傷心。

——莎士比亞

25歲的時候，雷因失業而挨餓。他白天就在馬路上亂走，目的只有一個，躲避房東討債。有一天，他在42街碰到著名歌唱家夏里賓先生。雷因在失業前曾經採訪過他，但他沒想到的是，夏里賓竟然一眼就認出了他。

「很忙嗎？」他問雷因。

雷因含糊地回答了他，他猜對方好像已經看出他的際遇了。

「我住的旅館在第103街，你跟我一同走過去，好不好？」

「走過去？但是，夏里賓先生，距離60個路口，可不近呢。」

「胡說，」他笑著說：「只有5個街口。」

「沒錯，我所說的是第6街的一家射擊遊藝場。」

這裡有些雞同鴨講答非所問了，但雷因還是順從

地跟他走了。

「現在，」到達射擊場時，夏里賓先生說：「只有11個街口了。」

不多一會，他們到了卡納奇劇院。

「現在，只有5個街口就到動物園了。」

又走了12個街口，他們在夏里賓先生住的旅館前停了下來。奇怪得很，雷因並不覺得怎麼疲憊。

夏里賓給他解釋為什麼要步行的理由——

「今天的走路，你要常常記在心裡。這是生活藝術的一個教訓。你與你的目標無論有多遙遠的距離，都不要擔心。把你的精神集中在5個街口的距離。別讓那遙遠的未來，讓自己被壓得透不過氣來。」

智慧之泉

每一個明天都是希望。無論身陷怎樣的逆境，人都不應該絕望，因為前面還有許多個明天。希望與幻想並不同，希望是很有可能實現的未來，幻想是不大可能實現的希望。前途現實重要，希望比現在重要。人，不能沒有希望。

13 同樣的風景，不同的看法

在人生之中，同樣的畫面，卻會產生不同的觀點，因此，我們走在人生路上時，除了審視自己本身的看法，也要多多理解別人的想法。

有一位心理學家找來兩個七歲的孩子進行一項心理測驗。

湯姆是來自一個貧窮人家的孩子，家裡有六個兄弟；安迪則是一個家境富裕的醫生的獨生子。

心理學家叫兩個孩子看一幅圖畫，畫裡是一隻小兔子坐在餐桌旁邊哭泣，兔子媽媽則板著面孔站在一旁。心理學家要他們把畫中的意思說出來。

湯姆立刻說：「小兔子為什麼在哭，是因為它沒吃飽，還想要東西吃，但是家裡的東西已經沒有了，而兔媽媽也覺得很難過。」

「不是這樣的，」安迪接著說：「小兔子為什麼在哭，還不是因為它已經不想再吃東西，但它媽媽強迫它非吃下去不可。」

智慧之泉

不同的出身和不同的經歷將會對一個事物有著截然相反的描述。

環境對人生的影響著實不容忽視。

14 老二哲學

　　有些人一輩子一直處於爭功諉過之中，而不能心平靜氣，在事業中如果能發揮「老二哲學」的效應，周遭的人將會尊敬你，並且樂於與你相處。

　　第一次登上月球的太空人，其實共有三位，除了大家所熟知的阿姆斯壯外，還有一位是奧德倫。當時阿姆斯壯所說的一句話：「我個人的一小步，是全人類的一大步。」早已成為全世界家喻戶曉的名言。

　　在慶祝登陸月球成功的記者會中，有一個記者突然向奧德倫提出一個很特別的問題：「由阿姆斯壯先下去成為登陸月球的第一個人，你會不會覺得有點遺憾？」

　　在全場有點尷尬的注目下，奧德倫很有風度地回答：「各位，千萬別忘了，回到地球時，我可是最先出太空艙的，」他環顧四周笑著說：「所以，我是由別的星球來到地球的第一個人。」

　　大家在笑聲中，給予他最熱烈的掌聲。

智慧之泉

　　一個人最可貴的品質，就是不去爭搶榮譽的光環，默默地甘心做一個配角。

033

第一輯　你到底錯過了什麼？

15 心中有佛

　　蘇東坡和佛印和尚是很好的朋友，但是兩人也喜歡彼此嘲諷一番。有一天，兩人坐著打禪。一會兒功夫，蘇東坡睜開眼問佛印：「你看我坐禪的樣子像什麼？」

　　佛印看了看，頻頻點頭稱讚：「嗯！你像一尊高貴的佛。」蘇東坡聽了暗自竊喜。佛印也反問道：「那你看我像什麼呢？」

　　蘇東坡故意氣佛印：「我看你簡直像一堆牛糞。」佛印居然微微一笑，沒有提出反駁。

　　回到家中，蘇東坡得意地告訴他的妹妹：「今天佛印被我好好地修理了一番。」當蘇小妹聽了事情原委後，反而笑了出來。

　　蘇東坡好奇地問道：「有什麼好笑的？」

　　「人家佛印和尚心中有佛，所以看你如佛；而你心中有糞，所以看人如糞。其實輸的是你呀！」蘇東坡這才恍然大悟。

智慧之泉

心中有喜樂的人，走到哪裡都會遇到陽光。
心中有不滿的人，只會活在自己所建築的黑暗城堡裡。

16 成功的好風水

有位計程車司機告訴我，他的三個孩子都上一流大學，而且品學兼優。我問他是怎麼教育子女的，他說：「很簡單，只要你培養他們閱讀和思考習慣就行了。」

他每天一定會陪孩子讀書，孩子做功課，大人則閱讀雜誌或新購的書籍。除了新聞和特別挑選的節目，他們不看電視，因為看電視浪費太多時間。

他說：「孩子慢慢大了，我知道的反而比他們少，孩子變成我的老師，他們還會買書送我。現在，他們都上大學，住到學校宿舍去了，我還是在餐桌上看書。桌子雖然舊了，讀到的書卻永遠是新的。」

他的這席話，使我受益良多。

最近，有一位朋友跟我討論，怎樣才能把孩子教好。他說：「孩子上小學五年級就頂撞父母，不肯專心讀書，大部分時間耗在打電動和看電視上，功課越來越退步。真不知如何是好？」

我聽完他的陳述，便想起那位計程車司機。於是，我問他：「你有沒有每天閱讀的習慣？」

他說：「沒有。」

我又問：「你們家人喜歡看電視？」

他說：「我們天天晚上都在看電視。」

「你們家客廳擺設些什麼？」

他說：「沙發、電視機、音響、電話，還有一個大櫥櫃。」

「大櫥櫃做什麼用？」

「擺些酒、幾個古董和花瓶。」

於是，我把那位計程車司機的故事說了一遍，然後對他說：「你家的風水差，根本就不適合讀書。」

「為什麼？」

「因為你自己就不讀書。你家既沒有好的讀書環境，又缺乏讀書習慣的身教榜樣。」

事隔不久，朋友把客廳重新調整，大櫥櫃換成書架，那套名貴華麗、坐起來舒適而昏昏欲睡的沙發賣掉了，客廳成為他讀書的地方，孩子們也學老爸讀起書來。

他說：「我決心和孩子一起培養好的閱讀習慣，我知道它用處無窮，是成功的好風水。」

智慧之泉

閱讀習慣是成功的好風水，因為你為孩子們做出了榜樣。俗話說：「身教勝於言教。」成功的好風水自然還有許多，需要你去發現。其實，每一次成功都不是天上掉下來的餡餅，還要看你的努力有多少。

追求幸福

　　幸福不是衡量擁有的財富有多少，也不是取決於一個人的地位有多高；幸福的代價，只需要付出積極的態度。

　　在美國有個叫杜朗的人，曾敘述過他尋找人生幸福的經歷——

　　他先從知識裡尋找，得到的是幻滅；從旅行裡找，得到的却是疲勞；從財富裡找，得到的只是爭鬥和憂愁；從寫作中找，得到的乃是勞累……

　　難道知識、旅行、寫作等與幸福快樂全都絕緣了嗎？顯然不是，是杜朗的心態出了問題。後來，他改變了消極的態度，也有了幸福的新發現。

　　在火車站裡，他看到一位中年男子走下列車後，徑直來到一輛汽車旁，先吻了一下車內的妻子，又輕輕地吻了一下妻子懷中熟睡的嬰兒，生怕把他驚醒了。然後，一家人就開著車離開了。

　　杜朗由此感慨說道：「每一個人在每天的生活中，都會帶有某種幸福的成分。」

　　對於某個人來講，你可能是幸福的、滿足的，也可能是不幸福的。

　　決定你幸福與否的因素只有一點：你接受積極還是消極心態的影響，這個因素是你所能控制的。

　　心理學家說：「幸福與心態的積極與否密切相

037

關。如果一個人決心獲得這種幸福，那麼就能得到這種幸福。而心態消極的人不僅不會吸引幸福，相反還排斥幸福。即使幸福悄然降臨到身邊時，也會毫無覺察，或者失之交臂。」

猶太人的格言中，有一句話值得我們學習：「從幸福轉為不幸只須一瞬之間，從不幸轉為幸福或許需要費時終生。」

智慧之泉

一輩子如果對周遭人、事、物永遠感到不滿足的人，你說他會幸福嗎？

18 左宗棠下棋

在詐騙的賭局中，上當的絕對是先贏錢的人。

清朝名臣左宗棠十分喜歡下棋，而且棋藝高超，少有敵手。

有一次他微服出巡，在街上看到一個老人擺棋陣，並且在招牌上寫著「天下第一棋手」，左宗棠覺得老人太過狂妄，立刻前去挑戰，沒有想到老人不堪一擊，連連敗北。左宗棠得意揚揚，命他把那塊招牌拆了，不要再丟人現眼。

當左宗棠從新疆平亂回來，見老人居然還把牌子懸在那裡，他很不高興，又去和老人下棋，但是這次竟然三戰三敗，被打得落花流水。第二天再去，仍然慘遭敗北，他很驚訝老人為什麼這麼短的時間之內，棋藝竟能進步如此神速？

老人笑著回答：「你雖然微服出巡，但我一看就知道你是左公，而且即將出征，所以讓你贏，好使你有信心立大功。如今你已凱旋歸來，所以我就不再客氣了。」左宗棠聽了心服口服。

智慧之泉

天外有天，人上有人，人要學會正確地評價自己。不要被一些榮譽光環罩得看不清自己。

不要讓錯誤越走越遠

欺騙別人，對方也許一無所知，但欺騙者本身卻是刻骨銘心，一輩子永難忘懷。

有個人開了一家布店，過去一連數年，都是用一個短少尺寸的木尺賣布。

有一天他良心發現，想要把尺換掉，規規矩矩地賣布，做個誠實的商人，但又轉念一想，不如先到對門的另一家布鋪看看他的尺寸如何再做打算。

他拿著一根小帶子，趁對方生意忙亂之際，偷偷用那個帶子把那家的木尺量了一量。回來一看，那家的木尺居然比他店裡的還短少一公分。

於是他強壓住自己的良心說：我的尺雖不足長度，可還比對門的長了一公分，我還是比他有良心的。

因此，仍用那把木尺量布，繼續欺騙顧客……不久這兩家店在一個夜裡，突然各起了一把火，將兩家鋪子燒得精光。

智慧之泉

有的人在想改正錯誤時，發現別人的錯誤比他更大時，他就會變得心安理得，好像自己根本就沒有犯過錯誤，結果反而會在錯誤的路上越走越遠。

20 別人的路

　　跟著別人的腳印，看似安全，其實也不見得，每個人都有自己的因緣際會，成功沒有固定的模式，唯有努力走出自己的路。

　　有個人要穿過沼澤地，因為沒有路，便試探著走，左跨右跳，竟也能找出一段路來，可好景不長，未走多遠，不小心一腳踏進爛泥裡，沉了下去。

　　第二個人，看到前人的腳印，便想：「這一定是有人走過，沿著別人的腳印走一定不會有錯。」用腳試著踏去，果然實實在在，於是便放心走下去。最後也一腳踏空沉入了爛泥。

　　第三個人，看著前面兩人的腳印，想都未想便沿著走了下去，他的命運也是可想而知的。

　　第四個人，看著前面眾人的腳印，心想：「這必定是一條通往沼澤地彼端的大道，看，已有這麼多人走了過去，沿此走下去我也一定能走到沼澤的彼端。」於是大踏步地走去，最後，他也沉入了爛泥。

智慧之泉

　　世上的路不是走的人越多就越平坦越順利，沿著別人的腳印走，不僅走不出新意，有時還可能會跌進陷阱。

21 神射手與賣油的老人

俗話說隔行如隔山，看似容易的事情，往往做起來卻不是那麼一回事！所以對自己的小小成就千萬不要自滿。

古代有一個人叫陳堯咨，他的箭術精良，被喻為當時的第一神射手。

有一次，陳堯咨在靶場練習射箭，旁邊站著許多人觀看；一個賣油的老人，挑著一副油擔，也在旁邊冷眼旁觀。陳堯咨果然射藝非凡，不但箭箭命中目標，而且力道十足，支支穿透箭靶，因此，大家都一齊拍手叫好。

只有這個賣油的老人微微點了幾下頭，表示出他並不十分佩服。

陳堯咨見狀，便轉頭問這個賣油的老人：「你也會射箭嗎？」

「我不會射箭，」賣油的老人搖著頭回答說：「不過，你雖然射得很好，但也沒有什麼特別的地方，依我看，只是手法熟練罷了！」

陳堯咨有點發怒了，便說：「你這老頭子，你既不會射箭又這麼小看人，真是豈有此理！」

「先生，請不要發怒！」賣油老人不慌不忙地說：「我是賣油的，也從酌油上得了一點小經驗，現在請你看一看吧！」

賣油老人把一個盛油的葫蘆放在地下，用一個銅錢放在葫蘆口上，然後用油勺子將油從錢眼裡瀝下去。瀝進去了許多油，可是一點也沒有沾到錢眼上。

　　「你看！這也沒有什麼特別的地方，只是手法純熟罷了！」賣油老人抬起頭來，笑著對陳堯咨說。

　　從此以後，陳某再也不敢以射箭自誇。

智慧之泉

　　熟能生巧。俗話說：「七十二行，行行出狀元。」有些技巧性工種，只有靠天天練才能達到常人難以達到的熟練程度。別人感到神奇的東西，對於那些能工巧匠，則是習以為常的本事而已。

22 說話的藝術

善於掌握說話技巧的人，就是善於經營人際關係的成功人士。

有個人為了慶祝自己的四十歲生日，特別邀請了四個朋友，在家中吃飯慶祝。

有三個人準時來了。只剩一人，不知何故，遲遲沒有來。

這人有些著急，不禁脫口而出：「急死人啦！該來的怎麼還沒來呢？」

其中有一人聽了之後很不高興，對主人說：「你說該來的還沒來，意思就是說我們是不該來的，那我告辭了，再見！」說完，就氣沖沖地走了。

一人沒來，另一人又氣走了，這人急得又冒出一句：「真是的，不該走的卻走了。」

剩下的兩人，其中有一個生氣地說：「照你這麼講，該走的是我們嘍！好，我走。」說完，馬上掉頭就又走了。

又把一個人氣走了。主人急得如熱鍋上的螞蟻，不知所措。

最後剩下的這一個朋友交情較深，就勸這人說：「朋友都被你氣走了，你說話應該留意一下。」

這人很無奈地說：「他們全都誤會我了，我根本不是在說他們。」

最後的朋友聽了，再也按捺不住，臉色大變道：
「什麼！你不是說他們，那就是說我啦！莫名其妙，
有什麼了不起。」

說完，鐵青著臉也走了。

雖然以上是一則流傳甚廣的笑話，但這則笑話卻
在指導說話時能達到「畫龍點睛」的效果！

智慧之泉

記住：說話是一門藝術，不同的辭彙組合、不同
的語氣，都會帶來不同的效果。

23 樸素之心

有人說社會是一個大染缸，任何人也難免會沾上。因此，保有一顆樸素的赤子之心，反而成為修行者的終生目標。

有一個皇帝想要整修京城裡的一座寺廟，派人去找技藝高超的設計師，希望能夠將寺廟整修得美麗而莊嚴。

後來有兩組人員被找來了，其中一組是京城裡很有名的工匠，另外一組是幾個和尚。由於皇帝沒有辦法判斷到底哪一組人員的手藝比較好，於是他就決定給他們兩組一個機會做出比較。

皇帝要求這兩組人員各自去整修一個小寺廟，而這兩個寺廟互相面對面；三天之後，皇帝要來觀看他們的成果。

工匠組向皇帝要了100多種顏色的顏料，又要了很多的工具。而讓皇帝覺得奇怪的是，和尚們居然只要了一些抹布與水桶等簡單的清潔用具。

三天之後，皇帝來了。他首先看到的是工匠們所裝飾的寺廟。他們用了非常多的顏料，以非常精巧的手藝把寺廟裝飾得五顏六色。皇帝很滿意地點點頭，接著回過頭來看看和尚們負責整修的寺廟，他看了一眼就愣住了。

寺廟感覺非常乾淨，裡面所有的物品都顯出了它

們原來的顏色，而它們光澤的表面就像鏡子一般，無瑕地反射出外界的色彩，那天邊多變的雲彩、隨風搖曳的樹影，甚至是對面五顏六色的寺廟，都變成了這個寺廟美麗色彩的一部分，而這座寺廟只是寧靜地接受這一切。

皇帝被這莊嚴的寺廟深深地感動了。當然，我們也知道最後的勝負了。

智慧之泉

每件事物都有自己的風格和特點，如果我們用大量的油漆塗抹掉它本來的面目，它也就失去了內在的價值。

24 傳話的藝術

公司的張小姐和王小姐，兩人素來不和。

有一天，張小姐忍無可忍地對另一個同事李先生說：「你去告訴王小姐，我真受不了她，請她改改她的壞脾氣，否則沒有人會願意理她的！」

李先生說：「好！我會處理這件事。」

以後張小姐遇到王小姐時，王小姐果然是既和氣又有禮，與以前相較，簡直判若兩人。

張小姐向李先生表示謝意，並且好奇地問：「你是怎麼說的？竟有如此的神效。」

李先生笑著說：「我跟王小姐說：『有好多人稱讚妳，尤其是張小姐，說妳又溫柔又善良、脾氣好、人緣更佳！』如此而已。」

智慧之泉

中間人充當傳話筒，可把事態擴大，亦可把事態縮小。讚美的力量不容小視。這裡的關鍵是如何掌握語言的藝術。

貓的名字

　　有一個人高價買了一隻貓，他自認此貓長相不凡，因此名叫虎貓。他特別邀請了一群朋友來家裡觀賞這隻貓。

　　有個朋友向他建議，老虎固然兇猛，不如龍來得神奇莫測，不如叫龍貓。

　　有一個朋友則建議，龍固然比虎神奇，但龍升天需要依附空中的雲彩，雲豈不是超過龍嗎？不如取名為雲貓。

　　又有一個朋友對他說，雲雖然能遮天，但風一來雲就消失無影無蹤，不如叫風貓。

　　又有一個朋友說，風一碰到牆，就被擋住了，不如叫牆貓。

　　最後一個朋友則說，牆最怕老鼠打洞，不如叫它是鼠貓吧。

　　這人聽了哈哈大笑，捕捉老鼠本來就是貓的本性，貓就是貓，為啥要使它失去本來的面目呢？

智慧之泉

　　名字是一個符號，是一種代號，它不能決定一個事物的內在是否強大。

最美麗的女孩

莎士比亞曾經說過：「神給你一張臉，可你卻重新塑造了另一張臉。」言下之意就是說，每一個人都可以自己改造與生俱來的那張臉。

有一個長得很醜的女孩，學校的同學常常譏笑她，甚至給她取了一個綽號：「醜八怪」。每當別人這樣叫她時，她都氣得要命，有時甚至氣得大哭起來。

有一天，當她又因為別人的取笑在那裡痛哭時，有一位慈祥的老工友經過，問明她難過的原因後，老工友告訴她變得漂亮的祕方──

一、臉上常常掛著笑容，碰到同學就親切地打招呼。二、絕不自怨自艾，不再去管自己的長相如何。三、樂於幫助人，用一顆善良的心去服務別人。

老工友告訴她，只要切實遵守這些祕訣，三個月後她一定會變成全校最美麗的姑娘。於是這女孩聽了老工友的話，全心全力地去實踐這些祕訣。沒有多久，她果然成為全校同學最喜歡、最有人緣、最樂於相處的人了。

智慧之泉

一個人的美，並不局限於五官搭配的外在，更主要的是他的內心。內在美所帶來的魅力，是任何整型和化妝都難以達到的。

27 差之毫釐、失之千里

誰快誰贏得機會，誰快誰贏得財富。無論相差只是0.1毫米還是0.1秒鐘——毫釐之差，天淵之別！

在非洲的大草原上，一天早晨，曙光剛剛劃破夜空，一隻羚羊從睡夢中猛然驚醒。

「趕快跑！」它心想：「如果慢了，就可能被獅子吃掉！」

於是，起身就跑，向著太陽飛奔而去。

就在羚羊醒來的同時，有一隻獅子也被驚醒了過來。

「趕快跑！」獅子心想：「如果慢了，就可能會被餓死！」

於是，起身就跑，也向著太陽奔去。

誰快誰就贏，誰快誰生存。一個是自然界獸中之王，一個是食草的羚羊，等級差異，實力懸殊，但生存卻面臨著同一個問題——如果羚羊快，獅子就會餓死；如果獅子快，羚羊就會被吃掉。

貝爾在研製電話時，另一個叫格雷的也在研究。兩人同時取得突破。但貝爾在專利局贏了——比格雷早了兩個鐘頭。當然，他們兩人當時是不知道對方的，但貝爾就因為早這120分而一舉成名，同時也獲

得了巨大的財富。

　　在競技場上，冠軍與亞軍的區別，有時小到肉眼無法判斷。比如短跑，第一名與第二名有時相差僅0.01秒；又比如賽馬，第一匹馬與第二匹馬相差僅半個馬鼻子（幾公分）……但是冠軍與亞軍所獲得的榮譽與財富，卻是相差天地之遠。

智慧之泉

全世界的目光只會聚焦在第一名的身上。冠軍才是真正的成功者。第一名後面，都是輸家。時間的「量」是不會變的，但「質」卻不同。關鍵時刻一秒值萬金。

28 無罪之人

　　從前有一個作惡多端的強盜，犯下數起重大刑案，最後終於被捕落網，並且判處死刑。

　　行刑前，這個強盜在國王前面哀求說：「國王啊！我自認是個大罪人，應該處死，但我家裡珍藏一顆祖先傳下來的金神籽，若我死了就沒有人知道了，因此我願意送給國王，它會結出許多金果實來，可以大大增加您的財富。」

　　國王說：「你這個大笨蛋，如果你真有一顆金神籽，為什麼不自己種植，而要去搶人家的錢呢？」

　　強盜回答：「報告國王，這顆金神籽很特別，必須是無罪之人才可以種植，因為我犯了很多的罪，所以不能種。」

　　國王看看周圍的文武百官，問哪一個人可以種金神籽，大家彼此面面相覷，都表示不能種。這時強盜哭訴：「國王啊！求您評評理，大家都自認有罪，為何只有我要受死呢？」

053

智慧之泉

　　從廣義上講，人人都有犯罪的傾向。人們在法律面前要學會自律，才能使自己不成為罪犯。

29 拉火車與開火車的人

　　當火車剛剛誕生時，速度並不快，有人騎著快馬與火車賽跑，他們嘲笑落在後面的火車，但到了今天，除了傻子，再不會有人騎馬與火車比賽了。

　　非洲開始修築第一條鐵路時，許多人都沒有看過火車的樣子。當鐵軌舖設完成之後，從歐洲運來的火車頭準備在上面展開試車。

　　工程師召來一批土著人幫忙把車頭從船上拖下來，將近兩、三百個土著費盡了九牛二虎之力，才勉強把火車頭放在鐵軌上。大家都得意揚揚，認為人的力氣還是比較大，也都以為火車頭要靠人來拉才能走得動。

　　這時，火車司機來了。他上了火車頭，打開機器。一陣濃濃的煙霧之後，龐大的車頭緩緩開動，不久就飛快地奔馳起來，所有的土著都看得目瞪口呆，驚訝萬分。

智慧之泉

人生也是如此，你是要當拉火車的人呢？還是開火車的人。

一根手指

人們在徬徨的時候，往往會將抽象的東西具體化，信仰就是因此而產生力量的。

三個學生一同赴考，因為擔心考試的結果，始終無法靜下來。於是共同出錢，找來一個算命先生問一問，那算命先生不發一言，只是伸出一根指頭。

到了放榜時，果然照算命先生所預料，三個人中只有一個及第。他們三個非常佩服他算得準，就預備了禮物去拜訪那位算命先生。

「你怎麼能預知我們三個人，只有一個會及第的呢？」

「那還不簡單！」算命先生說：「我伸出一根指頭，三個人中有一個及第那就是了。如果有兩個及第的話，就是代表一個落第。如果皆及第就是一起中榜的意思。皆落第也是一起的意思呀！」

智慧之泉

數字本身並沒有什麼意義，人們賦予它內容之後，它才有意義。當然，賦予它不同的內容，它就會有不同的意義。

31 哲學家與老農夫

　　有位哲學家漫步於田野中，發現水田中新插的秧苗竟排列得十分整齊，猶如用尺丈量過一樣。

　　他不禁好奇地問田中工作的老農夫是如何辦到的。老農夫忙著插秧，頭也不抬地要他自己取一把秧苗插插看。

　　哲學家立刻捲起褲管，喜滋滋地插完一排秧苗，結果竟是參差不齊，不忍目睹。

　　他再次請教老農夫，老農夫告訴他，在彎腰插秧的同時，眼光要盯住一樣東西。

　　哲學家照他說的做了，不料插好的秧苗竟成了弧線。

　　老農夫問他：「你是否盯住了一樣東西？」

　　「是呀，我盯住那邊吃草的水牛，一個大目標啊！」

　　「水牛邊走邊吃草，而你插的秧苗也跟著移動，你想，這個弧形是怎麼來的？」

智慧之泉

經驗的法則告訴我們，唯有選擇好目標的人，才會迅速抵達目的地。

第二輯
希望就是全部

01 上帝的三封信

「生老病死」是人類無法逃脫的宿命，這與大自然「春夏秋冬」四季循環是一致的。問題是：「人貴自知、將無所懼。」

一位老先生因為心肌梗塞而死，他向上帝大發牢騷說：「上帝啊！你叫我回來，我一點也不埋怨你。但是為什麼在召我回來之前，不先通知我一聲？叫我做好心理準備，對子女也有個交代，你讓我完全措手不及。」

上帝溫柔地回答說：「我曾寫了三封信給你，提醒你預備好回老家呀！」

老人驚訝地回答說：「沒有啊！我怎麼沒有收到那些信呢？」

上帝說：「第一封信是我讓你腰酸背痛；第二封信則是讓你的頭髮開始斑白；第三封信是使你的牙齒逐漸脫落。這些都是提醒你快回老家的信號啊！」

智慧之泉

人上了年紀，衰老的信號就會不斷出現。生老病死，是人一生中不可避免的，雖然，有人與死神擦肩而過，有人在送殯之後，會對人的生死存亡有一番感悟，可卻無人敢輕言不恐懼死亡。但是，對於充分生活過的人，臨終之前他並不會感到恐懼與遺憾。

02 愛有多深，恨有多深

　　人們常常會因為氣在一時，而口不擇言，殊不知有時候這道鴻溝反而會成為一輩子無法收拾的敗筆。

　　曾有一個被女朋友拋棄的男子，對好友數落了一大堆自己女友的不是，連各種不堪入耳的難聽的話都罵出來了。

　　過不了多久，他們居然復合了，而且很快地就準備要結婚了。

　　後來再遇到這位好友，此人很不好意思地說，當時他說的全是氣話，希望對方能忘掉。

　　「我不懂，你當時為什麼那樣恨她？」好友不解地問。

　　「我不去恨，怎麼能忘得了她呢？」男子說：「恨是為了讓我自己能活下去！」

智慧之泉

既然相愛過，就有愛的理由，不論是相愛還是分手，都不要攻擊對方，那是對愛的懷疑，是對自己的懷疑。也不要去尋找「愛有多深，恨有多深」的藉口。

03 秒針的抱怨

你覺得自己是可憐的秒針嗎？

不要因為悲哀佔滿心頭，而忘卻歡樂的滴答聲……

客廳中一架巨大的掛鐘滴答滴答地響著。

一個夜裡，突然聽見一陣啜泣聲，於是客廳的家具們到處尋找聲音的來源，原來是秒針正在飲泣。

秒針哭著說：「我好命苦啊！每當我跑一圈時，分針才走一步，我跑60圈，時針才走一步。我一天要跑1440圈，一星期有7天，一個月有30天，一年有365天……我如此瘦弱，卻要分分秒秒地跑下去，我怎麼跑得動呢？」

旁邊的枱燈安慰它說：「你呀，不要去想還沒來到的事情，只須要一步一步往前走，你就會走得輕鬆、走得愉快了。」

智慧之泉

有的人就喜歡抱怨，要知道，社會就如同一部機器，每個人都是一個零件，每個人都有自己的分工，對於整部機器而言，每個零件都很重要，都缺一不可。

04 踢驢子一腳

美國有句諺語：「沒有人會踢一條死的狗！」

一個人會受到誣衊或攻擊，是因為有人想利用你墊高自己，千萬不要上當。

一天，希臘大哲學家蘇格拉底和一位老朋友在雅典城裡優哉地散步，一邊走一邊愉快地聊天。忽然有位憤世嫉俗的青年出現，用棍子打了他一下就跑走了。他的朋友看見了，立刻回頭要找那個傢伙算帳。

但是蘇格拉底拉住他，不要他去報復。朋友覺得很奇怪，就說：「難道你怕這個人嗎？」

蘇格拉底說：「不，我絕不是怕他。」

朋友十分不解，又問：「那麼人家打你時，你都不還手的嗎？」

此時蘇格拉底笑著回答說：「老朋友，你糊塗了，難道一頭驢子踢你一腳，你也要回踢它一腳嗎？」

他的朋友點點頭，就不再說什麼了。

智慧之泉

一個人的涵養來源於他的修養，稍有委屈就想報復，絕不是一個高貴的人所為。

05 看清楚自己

　　沒有主見的人，無法忍受別人的閒言閒語，反而會被牽著鼻子走，最終迷失了自己。

　　有一個人帶了一些雞蛋在市場販售，他在一張紙板上寫著——「新鮮雞蛋在此銷售」。

　　有一個人過來對他說：「老兄，何必加『新鮮』兩個字，難道你賣的雞蛋不新鮮嗎？」他想一想有道理，就把「新鮮」兩字塗掉了。

　　不久，又有一個人對他說：「為什麼要加『在此』呢？你不在這裡賣，還會去哪兒賣？」他也覺得有道理，又把「在此」兩字塗掉了。

　　一會兒，一個老太太過來對他說：「『銷售』二個字是多餘的，不是賣的，難道會是送的嗎？」他又把「銷售」擦掉了。

　　這時來了一個人，對他說：「你真是多此一舉，大家一看就知道是雞蛋，何必寫上『雞蛋』兩個字呢？」

　　結果所有的字全都塗掉了。

智慧之泉

這個人的雞蛋銷售情況如何？我們不得而知，但是一個人如果缺乏主見，在人生的旅途上，往往會走得比別人辛苦，因為他必須多走幾趟冤枉路！

06 人靠衣裝

現代的社會雖然有人過分追求名牌效應，可是適切得體的穿著，仍是人際關係中基礎的禮儀。

有一位行為學家曾做過一個實驗，他本人以不同的打扮出現在同一個地點。當他身穿西服以紳士模樣出現時，無論是向他問路或問時間的人，大多彬彬有禮十分客氣。但當他打扮成無業遊民時，接近他的多半是舉止散漫的流浪漢。

這說明，一個人的外在儀表即使不會是全部，至少也會部分地反映他的個性、愛好和人品。

智慧之泉

莎士比亞有句名言：「衣裳常常顯示出人品。」
又有一句：「如果我們沉默不語，我們的衣裳與體態也會洩漏我們過去的經歷。」

07 蜈蚣的腳

據說上帝在創造蜈蚣時，並沒有為它造腳，所以它可以爬得和蛇一樣快速。有一天，它看到羚羊、梅花鹿和其他有腳的動物都跑得比它還快，心裡很不高興，便嫉妒地說：「腳多，當然跑得快。」

於是，它向上帝禱告說：「上帝啊！我希望擁有比其他動物更多的腳。」

上帝答應了蜈蚣的請求。把好多好多的腳放在蜈蚣面前任憑它自由取用。

蜈蚣迫不及待地拿起這些腳，一隻一隻地往身體貼，從頭一直貼到尾，直到再也沒有地方可貼了，它才依依不捨地停止。

它心滿意足地看著滿身是腳的自己，心中竊喜：現在我可以像箭一樣地飛出去了！

但是，等它一開始要跑步時，才發覺自己完全無法控制這些腳。這些腳劈哩啪啦地各走各的，除非全神貫注，才能使一大堆腳不致互相絆倒，這一來，反而走得比以前慢了。

064

智慧之泉

「過猶不及」這句話就是要告訴我們：超過程度和沒有達到程度是一樣不恰當的。

08 星星的世界

在你的記憶中是否有過因他人對你的一句鼓勵的話而欣喜異常的體驗？人的所作所為需要朋友和親人的認可、安慰和鼓勵，只有這樣，他才能堅持下去。

在美國，有位軍官接到命令，要他前往靠近沙漠的地方駐防。那裡的生活條件很差，這位軍官原本不想讓新婚的嬌妻跟他一起吃苦，但是妻子卻不願分隔兩地，而要跟去。

他們在靠近印第安人村落的地方找了一間棲身的小木屋，這裡白天酷熱難耐，風一年到頭吹個不停；更要命的是旁邊住的都是不懂英語的印第安人，雙方無法交流。

日子一長了，妻子覺得極其無聊。她就給母親寫了信，訴說內心的愁苦。

母親很快回信了，意味深長地告訴女兒：「有兩個囚犯從獄中望著窗外，一個看到的是泥巴，一個看到的是星星。」

新娘想了想，便對自己說：「那我就去尋找那些星星吧。」

從此，她改變了以往的生活方式，走出屋外，與周圍的印第安人交朋友，並請他們教她怎樣織東西和製陶。開始印第安人對她並不友好，可一段時間後發現她確實待人和善，他們也漸漸以誠相待。

於是她開始研究起沙漠，並最終成了一名沙漠專家，寫了一本有關沙漠的專著。

每個人都會有一種經驗；自家的小孩吵架叫「可愛」，別人家的小孩打鬧叫「煩死了」，為什麼明明是同一件事情，却會發生不同的解讀呢？這就是心態決定一切的最佳詮釋了，因此，在人生之中積極向上的心態是很重要的！

智慧之泉

俗話說，境由心造。外界的環境隨著人的心態而改變。良好的心態會使困難變成創造佳績的土壤。

一點點往上加

　　莊子齊物論說：養猴子的人拿橡子的果實給猴子喫，說：「早上喫三升，晚上喫四升。」那一群猴子都動氣了。說：「那麼，早上喫四升，晚上喫三升。」那一群猴子就很高興了。這就是「朝三暮四」的故事了。

　　掌管著美國好樂公司30億美元資產的副總裁艾麗莎・巴倫20歲時曾當過一家糖果店的店員。來店的顧客特別喜歡她，總是等著她給自己售貨。有人好奇地問艾麗莎：「為什麼顧客都喜歡找妳，而不找別的小姐，是妳給的特別多嗎？」

　　艾麗莎搖搖頭說：「我絕對沒有多給他們，只是別的小姐稱糖時，起初都拿得太多，然後再一點點地從磅秤上往下拿。而我是先拿得不夠，然後再一點點地往上加，顧客自然喜歡我了。」

智慧之泉

她抓住了人們心理的微妙變化，一點點地往上加要比一點點往下拿，心理上要舒服得多。我們也可以如此自勉：人生也要一點一點的往上加，而不是一點一點的往下減……

10 答案掌握在你手中

　　許多問題的答案都掌握在個人的手中。

　　有位神祕的智者，具有非常豐富的知識和洞悉事物的前因後果能力。他答覆任何問題從來不會答錯。

　　有一個調皮的男孩對其他男孩子說：「我想到了一個問題，一定可以難倒那個智者。我抓一隻小鳥藏在手中，然後問他，這隻小鳥是死的還是活的？如果他回答是活的，我就立刻將手裡的小鳥捏死，丟到他腳邊；如果他說小鳥是死的，我就放開手讓小鳥飛走。不論他怎樣回答，他都肯定是錯。」

　　打定主意之後，這群男孩跑去找到那位智者。調皮的男孩立刻問他：「聰明人啊，請你告訴我，我手上的小鳥是死的，還是活的？」

　　那位長者沉思了一下，回答說：「親愛的孩子，你要它如何，它就會如何啊！」

智慧之泉

人生也是一樣，命運是掌握在自己的手裡。

李嘉誠與兩分錢

一個成功的人士對金錢的態度，與一個失敗的人對金錢的看法，為什麼會截然不同呢？這就是成功與失敗的分隔島。

一個富翁，有無數的錢財，他可以揮金如土，可以買到一切可以用錢買到的東西。

有一天，他掉了兩分錢，他的態度將會怎樣？大概只有兩種可能——

一、置之不理，兩分錢能買什麼？

二、撿起來，然後放進口袋。

可是，香港巨富李嘉誠卻給了我們第三種答案。

他在乘坐汽車的時候，把一枚兩分錢的硬幣掉在了地上，硬幣滾向陰溝，他便蹲下身來準備去撿，旁邊一位印度籍的保全人員便過來幫他拾起，然後交到他的手上。

李嘉誠把硬幣放進口袋，然後從口袋中取出一張100元作為酬謝交給他。

有記者曾問起這件事，李先生的解釋是：若我不去撿那枚硬幣，它就會滾到陰溝裡，在這個世界上消失。而我給保全人員100元，他便可以用之消費。我覺得錢可以去使用，但不能白白浪費。

李嘉誠是個商人，商人的法則是利潤最大化，但是這件事並不是可以用經濟規律解釋得通的。這其實說明了李先生的理財哲學和行事風格。

智慧之泉

一個人的價值和行為並不在於你說了些什麼，而在於你所做的於社會是否有益，是否增加了社會的財富。如果社會財富減少了，即使獲得了再多的錢財也不是可取的。

12 你是否只關心自己？

在有「我」的情況下，人們往往會忽略了「他」的存在，如果這社會只有「我」，那麼社會就不會被組成了。

有一天吃晚飯的時候，正在上小學的弟弟給全家人提出了一個很奇怪的問題：「要是全世界的電話線路都斷掉了，會產生什麼結果？」

當醫生的爸爸回答說：「病危的人就不能得到及時的救治，造成死亡率上升。」

當消防隊員的哥哥回答說：「報警的速度將會降低，使火災的損失大大增加。」

熱戀中的姊姊回答說：「兩人約會的次數一定會大大減少。」

善於持家的媽媽高興地說：「那太好了，我們就不用付電話費了！」

智慧之泉

在回答問題時，人們總會以自己最熟悉和最關心的角度出發，而不去考慮到別人，雖然這只是一個小故事，但它卻告訴我們為什麼現代人越來越冷漠的道理。

13 盲人怎樣買剪刀？

　　阿西莫夫博士從小就很聰明，有一次，他遇到一位汽車修理工，是他的老熟人。修理工對他說：「嗨，博士！出一道思考題，看看你能不能回答。」

　　阿西莫夫點頭同意。修理工便開始說思考題：「有一位聾啞人，想買幾根釘子，就來到五金商店，對售貨員做了這樣一個手勢：左手食指立在櫃檯上，右手握拳做了敲擊的樣子。售貨員見狀，先給他拿來一把鎚子，聾啞人搖搖頭。於是售貨員就明白了，他想買的是釘子。聾啞人買好釘子，剛走出商店，接著進來一位盲人。這位盲人想買一把剪刀，請問：盲人將會怎樣做？」

　　阿西莫夫順口答道：「盲人肯定會這樣做，他伸出食指和中指，做出剪刀的形狀。」聽了阿西莫夫的回答，汽車修理工開心地笑起來：「哈哈，答錯了！盲人想買剪刀，只需要開口說『我要買剪刀』就行了，他幹嘛要做手勢呀？」

智慧之泉

看似簡單的事情，卻因為人類有鑽牛角尖的習性而將之複雜化了，雖然這則故事有腦筋急轉彎的意味，但也同時給我們帶來了某種啟示！

14 黑便士郵票

「破斧沉舟」與「一意孤擲」在意義上是絕對不同的，前者是有十足的決心，後者則是有賭徒的架式。

在一場郵票收藏家蜂擁而至的珍稀郵票拍賣會上，拍賣正進入最高潮。所有人望著台上那兩枚全球僅存的黑便士郵票，價格節節高漲，已經喊到了40萬美元的空前天價。

突然，角落一個聲音高喊：「200萬美元！」

拍賣會上所有的人都嚇了一大跳，居然有人會開出這個難以想像的價錢。

不過，更出乎意料的事情還在後面。當這個得標的中年人上台繳款、拿到郵票之後，他立即把相連的兩枚郵票撕開來，並且掏出打火機，將其中一枚郵票點燃燒毀。

這個一下子燒去100萬美元的舉動，馬上引起會場上更大的騷動。台上的中年人揚起雙手大聲喊道：「各位，不要緊張！我之所以會用意想不到的高價買下這兩枚郵票，是因為在這郵票當中，藏有一個無價的天大祕密。而這個祕密，又一定得要燒掉其中一枚郵票之後方能展現出來。現在，我再將這枚郵票提供出來拍賣，誰能買下郵票的，我將會把那個祕密告訴他！」

拍賣場內登時陷入一片瘋狂的氣氛當中，眾人此起彼落、爭相出價，最後終於以900萬美元的高價將那枚郵票賣出。

　　得標的那人高興地衝上拍賣台，拿了郵票之後，便急著要那個中年人將郵票當中所蘊藏的小祕密告訴他。

　　中年人接過900萬美元的支票，在那名得標者的耳邊，輕聲地告訴他：「祕密就是：這枚郵票，現在已經是全球僅存、唯一的一枚郵票，因為獨一無二，所以它價值連城，你務必得要小心保存。」

智慧之泉

現今是一個創意的年代，在行銷的手腕上如何匠心獨具，將是決定此項產品是否能夠成為暢銷熱賣的關鍵！

15 失敗是一種力量

　　以《戀愛中的女人》而享譽文壇的英國作家勞倫斯曾說：「真正的成功只能帶來榮譽，而真正的失敗卻能帶來真正的勇氣和力量。」

　　那已是他在一年裡失去的第六份工作。

　　北風呼嘯的寒冬裡，他窩在滴水成冰的小屋裡，向朋友訴說自己的沮喪。

　　他擁有英語檢定資格，第一家公司卻認為他口語不過關；他是電腦二級程序員，第二家公司嫌他打字速度太慢；第三家呢，他與部門經理不合，他主動炒了老闆；接連第四家、第五家……

　　他暗淡地說：「一次次全是失敗，讓我浪費了一年的時間。」

　　朋友一直耐心聆聽，此刻說：「講個笑話給你聽吧。一個探險家出發去北極，最後卻到了南極，人們問他為什麼，探險家答：『因為我帶的是指南針，我找不到北。』」

　　他說：「怎麼可能呢，南極的對面不就是北極嗎？轉個身就可以了。」

　　朋友反問：「那麼失敗的對面，不就是成功嗎？」

　　在這一瞬間，他如大夢初醒，徹底懂得了失敗的寶貴。

　　所謂失敗，是令你溺水的深潭，也是能為你解渴

的甘泉。

　　失敗是一個過程，而非一個結果；是一個階段，而非全部。正在經歷失敗的，是一個「尚未接受考驗」的過程。誰能在一開始便明察秋毫，尋覓到那通往柳暗花明的小徑？

智慧之泉

我們經歷失敗，彷彿數學裡的排除法，當把所有不可能的結論、荒謬的推論、曾寄予莫大希望的假設一一排除，剩下的，才會是唯一的正確。

16 把頭腦騰出空來

唯有能戰勝自己的人，才是人生之中最好的戰士。

有位年輕人想學禪，找到一位著名的禪師。禪師開導他很長時間，年輕人還是找不到入門的路徑。於是，禪師端起茶壺，朝年輕人面前的碗裡倒茶。茶碗已經斟滿，禪師還在不住地倒。年輕人終於忍不住地提醒說：「師父，別倒了！茶杯已經裝不下了。」

禪師這才停住手，慢悠悠地說：「是啊，裝不下了。你也是這樣，要想學到禪的奧妙，就必須把頭腦騰出空來，把充塞其中的幻象和雜念清除出去。」

聽了此言，年輕人當下大悟。

智慧之泉

電腦工作一段時間，就要清理硬碟，去掉無用的東西以加快運行速度。人腦亦是如此，要不斷地清除幻象和雜念，才能填充新的東西，使大腦常新。

第三輯

相信你自己

01 執著的手

手從不花費大量的時光去贏得他人的讚許，也從不因為為得不到讚許而憂心忡忡。手只按著主人的意志，去完成它的使命。大多數人的手只扮演著老熊掰棒子的角色，滿足了主人的欲望，辛苦一生，仍然空空如也！

絕大多數人都有一雙手，但其性質並不一樣。貪欲者的手骯髒而邪惡，它們似醜陋的惡獸般四處出擊，殘殺生命，每隻指頭就如一顆鋒利而凶殘的犬牙。

智者的手寧靜祥和，從來都用旁觀者的清醒以逸待勞，不對鏡花水月、空中樓閣及沒有任何目的的東西伸出。智者的手修長而白皙，就如隱士般淡薄，但又能直面現實。智者的手又是豪邁的，有英雄主義那種該出手時就出手的果斷，也有思前想後，坐失良機的失著。

勤勞者的手粗糙而忙碌，為了滿足主人的欲望，取得許多東西，又放棄了許多東西……

唯有執著的手接近完美。

執著的手有著智者的精確與哲人的經驗。它相信上帝賜給了它生命，相信它是在愛中成長，也相信上帝就活在它的手心，就如太陽活在每一朵花的色彩和香味之中一樣，把它伸向任何黑暗的地方，也能看到

上天的光明，四周一片死寂，也能聽到上天的聲音。

執著的手能按照上天的意旨生活。它盼望人家如何待它，它必也如此待人。

執著的手自有信仰，它相信所有的善行都不會落空。人所企求、夢想、盼望的善行必當時時存在。

執著的手相信靈魂的不朽。不論怎麼忙碌，它至始至終持守不朽的追求，以及為黑暗送去一片光明的力量和勇氣。

一隻正常的手應動中有靜，靜中有動。這是一種生命和諧的展現方式。今天去送，明天去撈，就如沒有靈魂的貪官受賄行賂——沒有信念的手就會陷入此種黑暗和愚昧之中，成為黑暗中一隻漆黑的爪子。沒有信念的手只會過河拆橋，借刀殺人，玩花招，爾虞我詐……

智慧之泉

執著的手為得到某些東西，必須放棄另一些東西。有些東西，我們一定要緊緊握住，如信仰、愛情、親情、友情。這就值得我們的手終生效勞。只有掌握住這些，我們才會產生真正握住這世界的感覺，也才能認識到手的可貴。只有不停地放棄一些東西，執著地掌握住一些東西，生命才會更加豐富。

○2 滾爛泥巴

　　侗族人有一種獨特的成年禮儀式。過生日要滾3次泥巴，一次是5歲，一次是10歲，一次是15歲。侗族人有一句俗語：「從母親身上學到善良，從父親身上學到勤勞，從祖父身上學到耐性。」

　　這種禮儀可能就是跟這句俗語相呼應。5歲的人，就要脫離母親的懷抱，開始跟著父親學習勞動，接受艱苦的磨鍊。母親把他領到田邊，由父親在田壢那邊接著。意思是孩子初步養成了勞動的習慣，下一步要向祖父學習和鍛鍊意志，培養耐性了。到了15歲，則由祖父（沒有祖父，則請寨裡德高望重的老人）把他帶到田邊，對面田壢上沒人接。意思是說，從這時起，你即將長大成人，需要自己去體味人間的艱辛，闖出一條自己的道路。

智慧之泉

人的一生，大多數時間都是在滾爛泥巴。在滾爛泥巴的過程中，有的人妥協了，有的人靠不屈的意志成功了。滾爛泥巴的過程可以檢驗人的意志，只有意志堅強者才能從爛泥中爬出來。

人到無求品自高

有兩個和尚相安無事，和睦友善地在一起住了很多年。可是，由於生活過於單調，甲和尚終於忍不住說：「讓我們改變改變吧！別老是一成不變。我們每天的工作都太單調了！做點不一樣的事——就做點世俗的人做的事吧！」

由於隱遁而居的生活過得太久了，乙和尚好奇地問道：「世俗的人做些什麼事呢？」

「喔！世俗人都會做一件事。」甲和尚發表高見：「他們沒事就爭爭吵吵。看見那塊石頭沒有？把它拿過來，放在咱們兩人中間，然後我們兩人都說：『石頭是我的。』」

乙和尚很樂意幫這個忙。他撿起石頭，放到兩人之間，然後說：「這塊石頭是我的。」

可是，因為多年的友誼和內省的工夫，甲和尚聽了以後說：「好吧，兄弟，如果這塊石頭是你的，你就拿去吧！」然後，爭執就結束了。

智慧之泉

　一個不和同伴相爭者，必因其內心另有嚮往。大多數人都是為了自身的利益而發生爭執。只有在利益中，用平靜的態度去看待問題，人才能從爭執中解脫出來。

04 生命與美麗

　　真正美麗的生命執著地追求著真與善，不會趨炎附勢地扭曲自己的形象，抹去自己靈動的線條，更不會讓自己美麗的底色染上塵污。除非用烈火將其燃為灰燼，化為塵埃，否則，美麗的生命就像一條清澈的小溪，永遠百折不回、樂觀堅強地奔向大海，直到最後一滴。

　　有時，它也許會被冷酷地阻斷；有時，它也許會無奈地擱淺；更甚至，它還未及瞥一眼那夜幕下美麗燦爛的星海蒼穹，未及靜靜地諦聽一聲那宇宙深處的清純之音，就已被意想不到的庸俗與險惡毀得千瘡百孔，奄奄一息……

　　但是，生命之所以美麗，正在於它有血有肉的過程中，始終高揚著一個美麗的主題；美麗之所以永恆，正在於生命的底蘊中，始終流動著人類對世界最純粹的良知與渴望。

　　於是，美麗因生命而存在，生命因美麗而永恆。這是一個連上帝也祈求的統一。

智慧之泉

如果一個人不能用自己的耳目去接觸自然界與生命中的美，以啟發愛美的天性，他的生命將變得枯燥無味，他也會因此變得粗暴且缺乏吸引力。

05 操縱命運

　　首先要銘記在心的是：沒有人，絕對沒有人對你的命運擁有最終的支配權。除你之外，沒人擁有這種權力。你可能尊重、崇拜一位長者、你的父母、愛人或某個親密的朋友，但是，你所能得到的最親近的人是你自己。

　　你必須成為自己的朋友，必須尊重自己；必須使自己成為勝利者，才能對他人也成為勝利者。所以，對自己獲得一個正確、良好的認識，才是舉足輕重的要件。

　　無論是誰，都不應該也不能將你的這種自我認識奪走。如果有誰一定要這麼做，那他一定是不通情理的頑固之輩，才會要你按他的生活模式生活，而不是按你的生活模式生活。

　　當然，你應該聽從父親或朋友的建議和勸告。但歸根結柢，最終的決定得由你自己做出。由你自己決定自己將成為什麼樣的人。只要你心中的目標符合你的能力要求、與你的教養程度相適應，只要你的目標不是建立在損害他人利益的基礎上，就應當敢作敢為地朝著目標進軍，而不讓別人左右你，不讓別人掌握了你航程中的方向。

　　你自己的目標、你父母的目標、你朋友的目標都各不相同。你必須去做那些你心中感到非做不可的

事，並且使盡全力去做。換句話說，你必須使你對你自己的信賴為你所用，而不是妨礙你。你所選擇的事業，是因為你對它已產生了信仰。絕不要為了別人的喜愛，去選擇適合別人的工作或生活目標。否則，那將意味著失敗與不幸的開始。

當然，要尊重他人的人格。但是，更要尊重自己的人格。不是別人，你才是自身之命運的主人。

智慧之泉

人是一種複雜的動物，即使身處順境，還是有身在福中不知福，掉進蜜罐還不知甜的可能。

06 愛情的矛盾

在印度，有這麼一個上天造物主創造男人和女人的傳說。

天神在造完男人以後，發現固體材料已經用光，沒有可以造女人的東西了。

天神思索了許久，然後找來了下面這許多種材料——月兒的圓潤、蔓藤的彎曲、芳草的微顫、蘆葦的纖長、花朵的開放、葉片的光滑、陽光的明朗、彩雲的淚水、輕風的不定、兔子的驚懼、孔雀的虛榮、鳥兒的柔軟、鑽石的堅硬、蜜糖的甜美、老虎的殘酷、火焰的熱情、霜露的冰冷、喜鵲的饒舌、夜鶯的噪音、白鶴的虛假，以及母獅的信心。天神把這些非固體元素都找來，造了一個女人出來，然後把她交給了男人。

過了一個禮拜，男人來找天神，哀告道：「主啊！您賜給我的那個受造物，讓我的日子過得多麼苦不堪言啊！她不停地說話，並且百般折磨我，使我不得安寧，忍無可忍。我已經連片刻休息的時間都沒有了，她還要我無時無刻地注意她、照顧她。我的時間全浪費掉了！另外，每件芝麻大的小事都會惹她大哭。為了能再過清靜的日子，我把她還給您。我實在不能再跟她同處了⋯⋯」

天神說：「好吧！」然後領回了女人。

過了一個禮拜，男人又來找天神，哀求道：「自從我把那個受造物還給您以後，我的日子好空虛啊！我一直想著她——想念她怎麼跳舞、唱歌，想念她怎麼用眼角看我，怎麼跟我喋喋不休，然後跟我挨挨靠靠。她看我的眼神太美、太溫柔了……我還喜歡聽見她笑。請把她還給我吧！」

　　天神說：「好吧！」於是就把女人還給了那個男人。

　　可是，三天後，男人又回來，哀告道：「主啊！我簡直糊塗了！我就是說不清我跟那個受造物之間的經歷……她給我帶來的煩惱比快樂多。求求您，把她收回去吧！我沒法子跟她過日子。」

　　天神這次說道：「可是，沒有她，你也沒法子過日子！」說完，轉過身去，繼續做自己的活兒。

　　男人絕望地說：「我該怎麼辦哪？有她，我活不下去；沒有她，我也活不了！」

智慧之泉

生命中最核心的本原就是自由與愛。但這兩項要素無法兼顧。成全了愛，即失去自由；維護了自我，只能換來孤單。

07 戀愛是人生的詩

　　一般人選擇戀愛的對象，第一個條件就是漂亮。我們的眼睛天生就有識別美醜的功能，會感覺到美的存在。當然，甲認為美的，乙不一定也認為美。但大致上不會相差太遠。

　　但光憑美，還不能決定戀愛的對象。真正的戀愛還要求雙方相互尊重，體質也要相配，並心心相印。

　　戀愛的另一個特點是——雙方都努力使自己成為出色的人。為了使對方喜歡自己、尊重自己，不努力提高自己的人品是不行的。為此，戀愛的人會奮發向上，鍛鍊自己的意志，增加自己的責任感，增強自己的實力。

　　戀愛降臨在一個人已有獨立生活能力的階段。這個階段，人的精神最為健全。精明的自然在賜予人戀愛之權力的同時，沒有忘記磨鍊他；在賜予他喜悅和歡樂的同時，還費神地提升他的責任心。

　　人的一生倘若不曾戀愛，就會變得枯燥乏味，文學、美術也就黯然失色了。

　　戀愛是人生的詩，是花，是喜悅，是美。

　　懂得戀愛，人生的花苞才會開放。獻身般愛著異性，這種愛雖然不及母愛那麼純真，但具有一種更為熱烈的、超生命的力量。為愛獻身之美，使男人發揮愛慕者的勇氣，構築出真正的愛情。此時，他擁有比

獻出生命之舉更強大的力量。

　　自然創造出絢麗多彩的人生，最強烈、最明顯的表現就是戀愛。所以，陷入熱戀的人同時就是詩人。冷靜地看，這是一時的衝動也未可知。但人能體驗如此純潔、熱烈的感情，機會實在不多。

　　戀愛確實是自然賦予人生最美妙的禮物。由此可以說，沒有體驗過這種感情的人是不幸的。但真正體會過的人也不多。許多人在性欲還沒有轉化成戀愛之前就已結了婚；還有的人依從社會習慣，在體味戀愛之前就已成家。

　　有的草木不開花，也能結出豐碩的果實。人生也能不待美麗的花盛開便結出果實。但這有負於等待著開放的花蕾，使它遺憾地失去了一顯芳姿的機會。所以，只有既開花也結果的人生，才得以構成完滿幸福的人生。

智慧之泉

自制力，意指一個人善於控制自己的情感，約束自己的言行。對盲目衝動和消極情緒的高度克制，善於排除身體內外的干擾，堅決採取理智的行動，是這種品質的集中體現。

08
用全部的愛迎接今天

我要用全部的愛迎接今天。

因為，這是一切成功共有的最大的祕密。強力能夠劈開一塊盾牌，甚至毀滅生命，但只有愛才具有無與倫比的力量，使人敞開心扉。在掌握愛的藝術之前，我只算商場上的無名小卒。我要讓愛成為我最大的武器，因為沒有人能抵擋它的威力。

我要用全部的愛迎接今天。

我該怎樣做呢？從今往後，我對一切都要滿懷愛心。這樣，我才能獲得新生。我愛太陽，它溫暖我的身體；我愛雨水，它洗淨我的靈魂；我愛光明，它為我指引道路；我愛黑夜，它讓我看到星辰；我迎接快樂，它使我心胸開闊；我忍受悲傷，它升華我的靈魂；我接受報酬，因為我為此付出了汗水；我不怕困難，因為它們為我帶來挑戰。

我要用全部的愛迎接今天。

我該怎樣說呢？我讚美敵人，敵人於是成為朋友；我鼓勵朋友，朋友於是成為手足。我要經常找理由讚美別人，絕不搬弄是非，道人長短。想要批評人時，我會咬住舌頭；想要讚美人時，我就高聲表達。

我要用全部的愛迎接今天。

我該怎樣行動呢？我要愛每個人的言談舉止，因為任何人都有值得欽佩的性格，雖然有時不易察覺。

我要用愛摧毀困住苦悶之人心靈的高牆，那充滿懷疑與仇恨的圍牆。我要架設一座通向人心深處的橋梁。我愛雄心勃勃的人，因為他們給我靈感；我愛失敗的人，因為他們給我教訓；我愛王侯將相，因為他們也是凡人；我愛謙恭之人，因為他們非凡；我愛富人，因為他們孤獨；我愛窮人，因為窮人太多了；我愛少年，因為他們真誠；我愛長者，因為他們有智慧；我愛美麗的人，因為他們眼中流露著淒迷；我愛醜陋的人，因為他們有一顆寧靜的心。

我要用全部的愛迎接今天。

我該怎樣回應他人的行為呢？用愛心。愛是我打開眾人心靈的鑰匙，也是我抵擋仇恨之箭與憤怒之矛的盾牌。愛使挫折變得如春雨般溫和，它是我商場上的護身符──孤獨時，給我支持；絕望時，使我振作；狂喜時，讓我平靜。這種愛心會一天天增強，越來越具有保護力，直到有一天，我可以自然地面對芸芸眾生，處之泰然。

我要用全部的愛迎接今天。

我該怎樣面對平日所遇到的每一個人呢？只有一種辦法，我要在心裡默默地為他們祝福。這無言的愛會閃現在我的眼神裡，流露在我的眉宇間，讓我嘴角掛上微笑，在我的聲音裡響起共鳴。在這無聲的愛意之中，他們的心靈會向我敞開，不再拒絕我推銷的貨物。

我要用全部的愛迎接今天。

最主要的，我要愛我自己。只有這樣，我才會認

真地檢查進入我的身體、思想、精神、頭腦、靈魂、胸懷的一切東西。我絕不放縱肉體的需求，反倒要用清潔與節制珍惜我的身體；我絕不讓頭腦受到邪惡與絕望的引誘，反倒要用智慧和知識使之升華；我絕不讓靈魂陷入自滿的狀態，反倒要用沉思和祈禱滋潤它；我絕不讓胸懷狹窄，反倒要與人分享，使它成長，溫暖整個世界。

我要用全部的愛迎接今天。

我沒有時間去恨，只有時間去愛。現在，我邁出成為一個優秀之人的第一步。有了愛，我將成為偉大的推銷員，即使才疏智短，也能以愛心獲得成功。相反，如果失去愛，即使博學多識，也終將失敗。

智慧之泉

飛鳥、清風、海浪，自然界的萬物不都在用美妙動聽的歌聲讚美造物主嗎？我們也要用同樣的歌聲讚美祂的兒女。從今往後，我們要記住這個祕密。它將改變我們的生活。

O9 愛的覺悟

早春時節，我最中意的那片水塘開始有蜉蝣出現。這種小昆蟲身體略呈紫紅，正如樹木開始長出嫩葉前那種特有的赭色。為了把這種顏色摻入人造蠅餌，我在用來充作蠅體的仿狐皮中加進一點紫毛。另外，我又買了些澳大利亞袋鼠皮，取一塊，放到鍋裡染色。染的時候，我站在鍋的一邊，女兒站在另一邊。她突然問我：「愛的滋味是什麼樣的？」她的口氣坦誠直率，宛若在問我水裡什麼時候會有白色的蜉蝣。

透過鍋裡騰起的紫色霧氣，父女倆相互對視著。

「有各種各樣的愛。」我回答。

「比如說……」

「嗯！妳可能會陷入熱戀。」我說。

女兒望著我，似乎在玩味這話的意思。

「另外，」我接著說：「還有其他種類的愛。妳可以愛朋友，或體會同某人結婚，共處50年。到那時候，妳的感情會與求愛之偉大不一樣，它會變得更強烈。愛的種類多著呢！」

「哪種最好？」

我看看鍋裡，發現沸滾中微微起伏的紫色表面結了一層蛛網似的泡沫。我用長叉把皮毛從鍋底撈起。染液流下，滴回鍋裡的聲音似乎映出我對往事的回憶

和女兒對未來之期望的絕妙結合。

「我喜歡那種歷久不渝的愛。」我說：「不過，妳喜歡哪一種，該由妳自己決定……」

一次，當我想起常去垂釣的那個狹長的池塘時，答案突然出現了。池塘邊有棵蘋果樹，到蜉蝣開始出沒的季節，樹上的花朵便倒映在水面上。魚兒浮上來找食，池水便泛起陣陣漣漪。有時，魚兒躍出水面，濺起水花。我於是投下蠅餌，在那些有魚浮上的地方垂釣。

在這個特別心愛的地方，我度過了許多個愉快的下午。我彷彿是存在於時光之外，但同時又會產生某種回憶，以及些許透入內心的親切感。說我此刻的心境悠然自得，倒不如說我身心舒暢，生氣蓬勃，滿懷興奮。我雖是孑然一人，卻絕不孤獨。

我想，我試圖傳達給女兒的正是這樣的一種時刻。但願有朝一日，當她站在這同一池塘邊拋下釣鉤時，也會想起父女一起染毛皮、一起討論愛情的夜晚。

智慧之泉

孩子是我們生命的延續，更是我們心底的希望。孩子不屬於你一個人或你一家人，他屬於社會。所以，任何父母在獲得滿足和欣慰的同時，必須感到肩上的責任。

10 戀愛的季節

　　任何人都期望戀愛。這樣的契機也許是一杯葡萄酒、一束小小的打火機發出的光焰，或是偶然打錯的一個電話。那麼，不管以怎樣的契機開始陷入戀愛的男女，都要品味幾乎相同的戀愛映照的四季。

　　戀愛中一定有春夏秋冬——當然，任何戀愛中都有，任何男女中也都有。煩惱的是，儘管她和他多次相互親吻，熱烈擁抱，同時進入同一戀愛季節的卻甚為稀少。

　　男子的戀愛大約是從夏季開始，他火一般的求愛使她平靜的心底泛起波紋。這個時候，她正在春季，暗暗地暖和起來，心境柔順、甜美，好像世上根本不存在「失戀」這兩個字。

　　而後，當他已熟悉了她的全部，卻不知何故，以出人意料的速度進入了秋季，並走向冬季。不巧的是，這時她正處於盛夏，反反覆覆地飽受著愛情的煎熬。

　　因此，自古以來，男子和女子就有感情交錯的本性。男子戀愛的形象通常像獵手，女子則像逃跑的同時又忽閃著眼睛側目注視獵人的母鹿。夏天的他和春天的她是最合適最幸福的季節。

　　大多數場合，男子的戀愛不管從哪兒開始，都正好在冬天結束。女子的戀愛則是從春到夏，從夏到

秋，到冬，然後又重返春季。

　　說到底，男子的心對一個女子，只是一輪四季中的某一顆果實。相反，女子的情緒則在春秋之間來回擺盪。因此，一旦雙方墜入愛河，對於他現在究竟處於哪個季節，一定要好好地觀察清楚。

智慧之泉

愛情，謎中套謎，謎外有謎。愛情，一千張嘴會有一千種說法，一萬枝筆會有一萬種答案。

11 生命的燭光

希瑞格瑞格東海岸珊那塔的一個日軍集中營裡，一個潮濕陰暗的小屋被滿布尖刺的鐵絲網圍住。外面，白天日頭烤得滾燙；夜晚，巨大的月亮照得通明。室內，暗無天日。

一個晚上，一個「犯人」在數了數他刻在屋梁上的記號之後，告訴大家，今天是聖誕節。他用平淡而毫無生氣的語調說：「明年的聖誕節，我們都在家裡了。」

只有幾個人點了點頭，大多數人一點反應都沒有。誰還能對這種生活存著信心呢？

這時，有人用一種奇怪的語調嘆道：「聖誕之夜，蠟燭在閃爍，鈴兒在叮噹。」他的聲音似乎來自一個非常遙遠而不可知的世界，輕微得幾乎聽不見。沒有人為之動情。他所說的事物是不存在的。

夜很深了，我們躺在各自的床板上，想著各自的心事——或者更準確地說，什麼也不想。我的朋友變得輾轉不安，一會兒起身摸出他的小皮箱，把蠟燭拿了出來。我清楚地看見它在黑夜中發出的白光。他餓了，他要吃那根蠟燭。他沒忘記我吧？我這麼想著。

他把蠟燭放到他的床上，然後走到外面日軍燃著一團火的地方，取回一小塊燃燒著的木柴。這一點點微光在漆黑的小屋裡像鬼火般閃耀。他坐回到他的鋪

位上，點燃了蠟燭。蠟燭立在他的床上，燃燒著。

沒有人說話。慢慢地，黑影一個一個靠過來。沉默中，這些雙頰深陷，兩眼飢餓，半裸著的男人把蠟燭團團圍了起來。

更多的人一個又一個圍攏過來，還有牧師和教士。你當然不知道他們究竟是誰，因為他們對我們來說，僅僅是兩個恍惚的身影罷了。但我們知道，他們與我們同在。

「這是聖誕節，」牧師用沙啞的聲音說：「燭光在黑暗中燃燒著。」

繼而，教士說：「長夜終將被征服。」

你可以在《約翰福音》中找到這一章節。然而，那一夜，圍繞著那根蠟燭，這一切不再是幾個世紀前寫入書上的話，它變成一個活生生的事實，清清楚楚綻放在我們每個人面前。

光明在黑暗中閃耀，連魔鬼也不能征服它。這不僅僅因為我們看見了，而且在圍繞著一小團火焰的沉默裡強烈地感受到了。

那根蠟燭比我所見過的所有蠟燭都來得潔白、美麗。在火光中（我永遠無法描述它，它是我們和上帝共享的一個祕密），我們看到了不屬於這個世界的東西。我們原來深陷於泥濘和沼澤之中，而今我們聽到了上千個銀鈴在風中叮噹響成一片，還有天使為我們快樂地歌唱。真的，我敢打賭——我有上百個證人，他們之中的大多數已不再能言語，不再活在這個世上，但這並不意味著他們不知道。

蠟燭越燃越亮，火光不停地閃耀，衝破了小屋沉鬱的屋頂，衝向漆黑無垠的天空。所有的事物都變得如此光明，蒼蒼廣宇剎那間變得通明燦亮。我感嘆，再沒有人可以看到比這更亮的世界了。

　　我們自由了，我們不再飢餓，精神振奮。

　　一切都如是。其他人呢？他們也回家了，我幫他們躺平在我們營房的後面、水沼中一塊乾淨的地方。他們在死去之前，眼睛都不再如同之前一樣黯然無光，卻是晶瑩明亮，閃耀著光芒，閃耀著永不被黑暗征服的光芒。

智慧之泉

一個心存渴望的人看見的是成功的一面，悲觀失望的人看見的則是失敗的一面；積極向上的人覺得生活中總是陽光普照，失望沮喪的人見到的則是陰影和風雨。不要放棄希望，無論何時。

12 特殊禮物

我的兒子上一年級了。一個星期後，他帶回一則新聞：他在遊戲場上跟班上唯一的黑人孩子羅傑一塊玩。

我忍住氣，不動聲色地說：「好呀！要過多久，才會有別的孩子跟他一塊玩呢？」

「噢！我要永遠跟他一塊玩下去。」比爾回答。

又過了一個星期，我得知比爾要羅傑與他同桌。除非像我一樣，也生長在一個白人至上的國家，否則你不會明白這將意味著什麼。

一天，我去找比爾的班導師。她用疲倦而略帶嘲弄的眼光迎接我。

「噢！我猜您是想為您的孩子找個新同桌吧？」她說：「您能稍等一會兒嗎？我正要接待另一個孩子的母親。」

我抬頭看見一位年齡與我相仿的婦女。她矜持沉靜、端莊穩重，但仍然掩飾不住她向班導師問話時語氣中透出的不安：「羅傑表現得怎麼樣？我想，他跟別的孩子還處得來吧？如果不是這樣，請您照直告訴我。」

她猶疑了一下，又接著問：「他給您添了什麼麻煩嗎？我是說，因為他老是換座位。」

我可以感覺到她內心中的極度緊張，因為她明白

問題的答案。

我真佩服這位老師，只聽她溫和地回答：「不會啊！羅傑沒有給我添麻煩。在幾週內，我要把所有孩子的座位都調換一遍，好讓他們每個人都有個正好合適的同桌。」

我向前做了自我介紹，並且說，我的兒子將是羅傑的新同桌，我希望他們倆能夠相處得很好。即便是在當時，我也知道，這不過是幾句表面的應酬話，並不是我內心深處的願望。但我可以看出，這話給她幫了忙。

羅傑兩次邀請比爾到他家去，我都找藉口回絕了。後來就發生了那件使我深受感動又無比慚愧的事。

我生日那天，比爾放學回家，帶回一個髒兮兮，摺成方塊形的紙盒。我打開一看，裡面有3朵花，一張用蠟筆寫著「生日快樂」的卡片和一枚鎳幣。

「這是羅傑送的，」比爾說：「這是他的早餐錢。我說今天您過生日，他非叫我把這帶給您不可。他說您是他的朋友。因為全班就您一位媽媽沒有強迫他再調換一個同桌。」

智慧之泉

容忍是溝通的第一原則。正因為有這種精神，才能保持所有人類思想的精華。

13 娛樂

　　每個人都各有所好，也各隨所好過生活甚而終老，只是清、濁不同罷了。最濁的是好財，其次是好色，再次是好名，再再次是好吃、好喝。稍清的，有的好古玩，有的好琴棋，有的好山水，有的好吟詠。又進一步的，就是好讀書。開卷有益。在所有的喜好中，讀書最稱殊勝。但這也只是世俗的想法罷了。更進一步，是喜好研讀心性解脫的經書。又更上一層，就是喜好清淨自己的心靈。而臻於清淨自己的心靈，便是世間喜好中最殊勝的了。因為它能令你漸入佳境，如倒吃甘蔗。

　　什麼樣的環境造就什麼樣的人。

　　什麼樣的喜好成就什麼樣的人生。

智慧之泉

每個人根據自己的喜好、職業或口味選擇自己的娛樂。但重點在於：應該選擇那些有利於修身養性、有利於生活的。因為那才算是高品味的娛樂。

14 新荒漠甘泉

為什麼看見你弟兄眼中有刺，卻不想自己眼中有梁木呢？給人家好處，別放在心上；受人家好處，要永遠記住。

「你自己眼中有梁木，怎能對你的弟兄說，容我去掉你眼中的刺呢？你這假冒為善的人！先去掉自己眼中的梁木，然後才能看得清楚，去掉你弟兄眼中的刺。」

有一位史棣華女士，寫過一篇禱告詞，後來被許多婦女團體採用為公禱文。現在把它錄在下面——

主啊！讓我們別把心放在小事上，無論說話、行事，都心胸豁達。

讓我們不再挑人家的毛病，不要只顧自己。

讓我們放下一切虛偽、做作，大家真誠相處，沒有絲毫成見。

讓我們避免隨便論斷，遇事多思索，對人寬大。

讓我們做事周到，思想周全；讓我們避免輕舉妄動，行事冷靜而溫文。

凡是應該做的事，讓我們能勇往直前，毫不畏懼。

求主讓我們明白，人與人之間的分歧都發生

在小事上。遇到人生的大事，大家實在不可分，
必須同舟共濟。

　　讓我們能發揮女性共具的偉大美德：主啊！
讓我們能愛。

　　讓我們能忘記人家對不起我們的事，並永遠
記得人家對我們的好處。

用寬大戰勝敵人，用容忍化敵為友。不要心急，
不要揠苗助長，時候到了，自然能夠取得收成。

智慧之泉

人生在世，我們有幸有緣結識我們身邊的各類人
與物。隨著時空的延展，它所孕育的各種樹木花
草便會競相開放。儘管有些個體的顏色、形狀不
如人意，但它們都是構成絢麗多彩的美景不可缺
的一部分。

第三輯　相信你自己

105

15 讚揚的魅力

百老匯的一位喜劇演員有一次做了個夢：他在一家座無虛席的劇院，向成千觀眾表演講笑話、唱歌。可全場竟沒有一個人發出會意的笑聲和掌聲。

「即使一個星期能賺上10萬美元，」他說：「這種生活也如同下地獄一般。」

事實上，不只演員需要掌聲。只要缺少讚揚和鼓勵，任何人都會喪失自信。可以這樣說：我們每個人都有一種雙重需要，即被人稱讚，以及去稱讚人。

讚揚人也是一種藝術，不但必須以合適的方式表達，還得表現出洞察力和創造性。

一位舉止優雅的婦女對一位朋友說：「你今天晚上的演講太精采了！我情不自禁地想，你當一名律師，會多麼出色呀！」

這位朋友聽了這意想不到的評語後，像小學生似的紅了臉。

正如安德烈·毛雷斯曾經說過的：「當我談論一名將軍的功勞時，他並沒有感謝我。但當一位女士提到他眼睛裡的光彩時，他就表露出無限的感激。」

沒有人不會被真心誠意的讚賞所觸動。耶魯大學著名的教授威廉·萊昂·弗爾帕斯經歷過這樣一件事——

有一年夏天，氣候又悶又熱，他走進擁擠的列車

餐車去吃午飯。在服務員遞給他菜單的時候，他說：
「今天那些在爐子邊燒菜的小夥子一定夠受的了⋯⋯」

那位服務員聽罷，吃驚地看著他，說：「上這兒
來的人不是抱怨這裡的食物，便是指責這裡的服務，
要不就是因為車廂裡悶熱大發牢騷。19年來，你是第
一位對我們表示同情的人。」

弗爾帕斯由此得出這樣的結論：「世人所需要
的，是一點身為人所應享有的被關注。」

智慧之泉

讚美他人的方略不是外交官或慈善家所專用，任
何人且隨時隨地都可運用，其效果極為驚人。

16 成功的另一半

　　每個人一生中都會碰到成功的機會。但大多數人不會成功，因為他們不願付出代價。他們有能力，但缺乏得到成功所必備的至關重要的因素——成功的願望。成功的願望僅僅是觀念的一部分。如果你具備了這一品質，你就近於無所不能，任何事你都能做，最終並可成為一個勝利者。

　　在我擔任足球教練的時候，接管了一支弱隊，隊裡頭全是一些體重不足、缺乏經驗的青少年。這支球隊久經失敗，隊員都不願穿上運動服去訓練。我很清楚，在一個季度內，讓他們達到體格強健並變成職業足球運動員是不可能的。任何教練都做不到。我唯一能夠做的就是讓他們意識到自己是勝利者。

　　起初，他們肯定以為我瘋了。但是，漸漸地，他們開始相信我的話，並把他們自己當作競爭者。第一場比賽贏了，因為他們竭盡全力，什麼也阻止不了他們。他們已經形成了勝利的觀念。一夜間，他們並沒有多大的改變，同其它足球隊仍不能同列一個等級。但他們認為自己是勝利者，這一觀念改變了一切。

　　勝利的觀念是取得成就的關鍵。作家和學者年復一年，對事業成功之人進行研究，得到了這樣的結論：成功由三個部分組成。一個部分是才能，一個部分是機遇（或稱適時適地），一個部分是成功的願

望。

　　成功者的普遍標準是——正確地估計自己成為勝利者的能力，即使是最低水準。這一點為什麼如此重要呢？因為每個人都不願辜負自己的期望。勝利者一般都懷著一種想要成功的「火一般強烈的欲望」。這種品質提供了一個人達到目標所需要的動力。

　　你必須追求勝利。行動上「勝利的願望」意味著即使在困境面前，都表現出堅韌不拔的態度和成功的決心。依我所見，應當給勝利者這樣下定義：「大多數人能堅持兩、三個月。許多人能堅持二、三年。但勝利者總是堅持到底，直到勝利。」

智慧之泉

我們期待什麼，便得到什麼；什麼都不期待，自然就一無所有；安於貧賤，自然難以富裕。

活著有用，才能快活

　　一連好幾年，這位溫和的小個子守墓人每個星期都收到一個不相識的婦人所寫的來信，信裡附著鈔票，要他每週給她兒子的墓地放一束鮮花。後來有一天，他們照面了。那天一輛小車開來，停在公墓大門口。司機匆匆走到守墓人的小屋，說：「夫人在門口車上。她病得走不動，請你去一下。」

　　一位上了年紀、身體孱弱的婦人坐在車上，表情透出幾分高貴，但眼神已哀傷得毫無光彩。她懷抱著一大束鮮花。

　　「我就是亞當夫人。」她說：「這幾年，我每個禮拜給你寄錢……」

　　「買花。」守墓人回道。

　　「是的，給我兒子。」

　　「我一次也沒忘了放花，夫人。」

　　「今天我親自來，」亞當夫人溫柔地說：「是因為醫生說我已活不了幾個禮拜了。死了倒好，活著也沒什麼意思了。我只是想再看一眼我兒子，親手來放這些花。」

　　小個子守墓人眨巴著眼睛，沒了主意。他苦笑了一下，決定再講幾句：「夫人，這幾年您總寄錢來買花，我常常覺得可惜。」

　　「可惜？」

「鮮花擱在那兒，幾天就乾了，無人聞、無人看，太可惜了！」

「你真這麼想？」

「是的，夫人。請別見怪！我自己常跑醫院、孤兒院，那兒的人可愛花了。他們愛看花、聞花。那兒都是活人。可這些墓裡，有哪個活著？」

老婦人沒作答，小坐了一會兒，默默祈禱一陣，沒留話便走了。守墓人很後悔自己的一番話太直率、太欠考慮。這會讓她受不了的！

幾個月後，那老婦人又忽然來訪，把守墓人驚得目瞪口呆──她這回自己開車來。

「我把花都送給那兒的人了。」她友好地向守墓人微笑著，「你說得對，他們看到花可高興了。這真叫我快活！我的病好了。醫生不明白是怎麼回事，可我自己明白，我覺得活著還有些用處！」

智慧之泉

生活的真諦並不神祕；幸福的源泉，大家都知道，只是常常忘了──這才當真有點奧妙。

18 體驗

　　孤獨與獨立有著密不可分的聯繫，是追求獨立、自立、自主所必須付出的代價，也是值得人們付出的代價。

　　任何情感豐富、細膩的人都體驗過孤獨。以真情實感面對生活就是孤獨，因為身處此境，人的聽覺、感情和體驗往往超乎尋常。

　　經歷了孤獨，我們變得高尚，變得敏感，使心靈向生活的崇高理想敞開，去接受生活的陶冶。經歷了孤獨，我們才能在理解力、審美能力和人際關係等方面，有意識地去獲取長足的進展。

智慧之泉

人的許多神奇的幻想，人類深知自己的藐小、宇宙的無限、永恆渺茫的核心，都來自孤獨。

19 一棵樹的啟示

由於經濟破產和固有的殘疾，人生對我來說，已索然無味了。

在晚冬一個晴朗的日子，我去找傑克遜牧師。他現在已疾病纏身。去年腦溢血徹底摧殘了他的健康，並留下右側偏癱和失語等症。醫生斷言他再也不能恢復言語。然而，病後幾週，他就努力學會了重新講話和行走。

他耐心聽完我的傾訴。「是的，不幸的經歷使你心中充滿創傷，你現在生活的主要內容就是嘆息，並想從嘆息中尋找安慰。」他閃爍的眼光燃燒著我，「有些人不善於拋開痛苦，他們讓痛苦纏繞一生直至幻滅。但有些人能利用悲哀的情感獲得生命悲壯的感受，並從而對生活恢復信心。」

「你來看一樣東西。」他向窗外指去，那邊矗立著一排高大的楓樹，楓樹間懸吊著一些陳舊的粗繩索。他說：「60年前，這兒的莊主種下這些樹衛護牧場。他在樹間牽拉了許多粗繩。對於幼樹嫩弱的生命，這太殘酷了，這創傷無疑是終生的。有些樹面對殘忍的現實，能與命運抗爭；有些則樹消極地詛咒命運。結果完全不同。」他指著那棵被繩索損傷並已枯萎的老樹，「為什麼那棵樹毀了，而這棵樹已成為繩索的主宰而不是其犧牲品？」

眼前這棵粗壯的楓樹，看不出上面有什麼可怕的疤痕，所看到的是繩索穿過樹幹──幾乎像鑽了一個洞似的。真是一個奇蹟。

「關於這些樹，我想過許多。」他說：「只有體內強大的生命力才可能戰勝像繩索造成的那樣終生的創傷，而不毀掉這寶貴的生命。」

沉思了一會兒，他又說：「就人而言，有很多解憂的方法。痛苦時，找人傾訴，找些活做。對待不幸，要有一個清醒而客觀的全面認識，儘量拋掉那些怨恨、妒忌……情感的負擔。有一點最重要，也最困難：你應盡一切努力愉悅自己，真正地喜愛自己。」

他再次向那些楓樹望去，「如果我們能在遭遇苦難時聰明些，使精神創傷迅速成為過去，將不幸視為生命的一部分，接受它，繩索是不會勝利的，儘管它還纏在我們身上。」

「謝謝你，我將這樣去盡力。」我站起身，緊緊握住他的手。我受益匪淺。對於生命，我獲得了一些新的理解；而對於苦難，也有了一個更深的認識。

智慧之泉

倘若你和一般失敗者面談，你會發現：他們失敗，是因為他們無法獲得良好的環境，因為他們從來不曾走入足以激發人、鼓勵人的環境，因為他們的潛能從來不曾被激發。

給我的妻子

兩個人共同生活，會對彼此產生很大的影響──或是上升到一種新的境界，或是下降到一種可悲的境況。一位妻子可能成為丈夫事業上的激勵者；也可能逐漸變成套在他脖子上的枷鎖。她應該從一開始就使他感到她能夠理解他的追求，並願意做他的助手和支持者。而他如果能夠始終得到她的同情和理解，他對她的愛必會加深。

如果他的家是愉快而愜意的，那麼他肯定樂於在家裡度過空餘的時間。而如果你發現一個男人下班後，做些顯然是他不喜歡的事情，那是因為他不得不盡義務了。

當丈夫的空餘時間被妻子所干擾，他可能會出於義務，和她待上一會兒，但很快就會以工作為藉口，減少這種時間，並另抽時間，從其他地方滿足自己未遂的願望。

一位妻子能否與丈夫始終相愛，取決於她自己是否明智。應該記住這樣一句格言：「一個傻瓜也可能贏得一個男人的愛情，但只有聰慧的女人才能夠維持它。」他可能有某些個人的嗜好妳不喜歡，但不要抱著敵視的態度橫加干涉。人沒有完全相同的，妳也可能有他不喜歡的嗜好！如果彼此的嗜好不是什麼低級趣味，就應相互培養對它們的興趣。總之，要保持一

種協調的氣氛。

如果夫妻倆日益減退的愛情是因為他另有所愛而引起，單靠發怒，是不可能把他拉回來的。圖痛快，發洩自己受傷的感情，只會導致讓他回心轉意的目的歸於毀滅。

首先，妳應該控制自己。雖然大多數女人此時傾向於造聲勢，大吵大鬧，而男人是絕不願看到家裡鬧事的。

其次，要堅信妳對他的愛肯定能把他吸引回來，他和其他女人的關係不過是逢場作戲，他絕不會輕易忘卻家裡的愛、寧靜和安慰。

智慧之泉

妻子和丈夫都能注意到第一次出現，使他們失望的那些跡象，並且雙方都決心阻止這種情況繼續發展下去，他們就會在共同努力中加深理解，共渡險關，讓真正的幸福在生活中札下深根。

21 說不行的人永遠不行

里維倫德・鮑勃・理查德是一個成功者。他曾在奧運會上得過冠軍。

理查德贏得冠軍的祕訣是：決定試一試，並且馬上行動。幼年時他就懂得：要實現某種目標，首先必須這樣想，其次必須這樣做。

13歲時，他下決心當一名傑出的運動員。他選擇了撐竿跳，訓練時間超過了1萬小時。他從1萬小時的訓練中悟出了一個「祕密」：「你希望做什麼——你決定做什麼——決定你能夠做到什麼。」

「但是，」你或許提出疑問：「理查德身體健康，四肢發達，天賦良好，這才是他成功的原因。」

不對！任何確立了生活目標的人，只有透過不懈地努力，他才能成功。

讓我們看一看一位身體不像理查德那樣健壯的運動員吧！這位名叫登普西的運動員生下來時右腳只有一半，右手變形。可是，從小他的父母就幫他樹立起這樣的信念：「我是能夠做事的，我必能有所成就。」

他和其他孩子一樣參加了童子軍。他不顧殘疾，堅持和他們一起參加行程10哩的野營活動。長大後，他決定去打橄欖球。

經過不斷練習，他掌握了打球的技術。於是，他申請加入新奧爾良的職業橄欖球隊。教練勸他不要參

加，但他堅決要求。教練不得不讓他當候補射手。起先，他們只不過想讓他試一試。沒想到，他的球藝竟絲毫不比健康的球員遜色。他可以把球踢進50米外的球門。他們就讓他在各種表演賽中出場。他越踢越好，一場共得了99分。

一場關鍵性的比賽真正考驗了他。當時新奧爾良隊落後1分，比賽只剩下最後幾秒鐘，可全體隊員還沒過45.72米線。正巧對方犯規。教練換上了湯姆·登普西，讓他踢任意球（自由球）。登普西一記猛射，球從57米外直飛球門，中了！結果新奧爾良隊以19比17獲勝。

看來，登普西和理查德的認識是正確的：人能夠做到他們想做而努力去做的事。那些說不行的人，就永遠不行。

智慧之泉

大多數人的志氣和才能都深深潛伏著，需要外界的東西予以激發。志氣被激發，如果又能繼續關注和教育，就能發揚光大。否則終將萎縮而消失。

志氣和才能又如光一樣，如不小心呵護，它就會被風吹滅而讓黑暗占領你的空間。

22 先有自信，才有奇蹟

　　據說拿破崙一上戰場，士兵的力量可增加一倍。軍隊的戰鬥力，大半寓於士兵對將帥的信仰之中。將帥顯露出疑懼、張惶，全軍必然陷入混亂、動搖；將帥表現出自信，則可以強化他部下健兒的勇氣。

　　人身各部分的精能力像軍隊一樣，也應該信賴其主帥——意志。有堅強的意志、自信，就能使平庸的男女也成就神奇的事業，成就那些雖然天分高、能力強，但多疑慮與膽小的人所不敢染指的事業。

　　你成就的大小，通常不會超出你自信心的大小。拿破崙的軍隊絕不可能爬過阿爾卑斯山，假使拿破崙自己以為此事太難。同樣，你在一生中，絕不能成就重大的事業，假使你對自己的能力存著重大的懷疑。

　　不熱烈而堅定地希望成功、期待成功，卻能取得成功，天下絕無此理。成功的先決條件，就是自信。

　　在這世界上，有許多人，他們以為別人所擁有的種種幸福並不屬於他們，以為他們必定無法得到，以為他們絕不能與那些鴻運高照的人相提並論。他們不明白，這樣缺乏自信，會大大削弱他們的生命力。

　　「假使他認為他能夠，他就能夠；他認為他不能夠，他就不能夠。」

　　當然，這種信心要建立在客觀規律的基礎上，胡思亂想是行不通的。

自信心是比金錢、勢力、家世、親友更有用的條件。它是人生可靠的資本，能使人努力克服困難，排除障礙，去爭取勝利。對於事業的成功，它比什麼都更有效。

假使我們去研究、分析一些有所成就的人的奮鬥史，我們可以看到，他們起步時，一定先具備一種充分信任自身能力的堅強自信心。他們的意志堅定到任何困難艱險都不足以使他們懷疑、恐懼的程度。

有人說：「假使我們自比於泥塊，那我們將真的成為被人踐踏的泥塊。」

我們應該覺悟到「天生我材必有用」，覺悟到造物主育我，必有偉大的目的或意志寄於我的生命中。萬一我不能充分表現我的生命，使我的生命臻於至善的境地、至高的程度，對世界必是一個損失。這種意識，一定可以使我們產生偉大的力量和勇氣。

智慧之泉

噴泉的高度無法超過它的源頭。同樣，一個人事業的成就也絕不可能超過他自信能達到的高度。擁有了自信，就擁有了最富饒的土地。就像殖民者，終成為沼澤和森林的主人。

23 只為今天

只為今天，我要表現得很快樂。假如林肯所說的「大部分人只要下定決心，都能很快樂」這句話是對的，那麼快樂是來自內心，而不是源於外在。

只為今天，我要讓自己適應一切，而不是試著調整一切，適應我的欲望。我要以這種態度接受我的家庭、事業和我的運氣。

只為今天，我要愛護我的身體。我要多參加運動，善自照顧，善自珍惜，不損傷它，不忽視它，使它成為我奪取成功的好基礎。

只為今天，我要加強我的學習。我要學一些有用的東西，而不願做一個胡思亂想的人。我要看一些需要思考，更需要集中精神才能看懂的書。

只為今天，我要用三件事鍛鍊我的靈魂：我要為別人做一件好事，但不要讓人家知道；我還要做兩件我並不想做的事，而它們就像威廉·詹姆斯所建議的，只是為了鍛鍊。

只為今天，我要做個討人喜歡的人。外表要儘量修飾，衣著要儘量得體，說話低聲，行動優雅，絲毫不在乎別人的毀譽，對任何事都不挑毛病，也不干涉或教訓別人。

只為今天，我要試著只考慮怎麼度過今天，而不把我一生的問題都一次解決。因為我雖能連續12個小

時做一件事，但若要我一輩子都這樣做下去，就會嚇壞我。

只為今天，我要訂下一個計畫。我要寫下每個小時該做些什麼事。也許我不會完全照著做，但還是要訂下這個計畫。這樣做，至少可以免除兩種缺點——過分倉促和猶豫不決。

只為今天，我要為自己留下安靜的半個小時，輕鬆一番。

只為今天，我心中要毫無懼怕。尤其是，我不要怕快樂；我要去欣賞美的一切，去愛，去相信我愛的那些人會愛我。

智慧之泉

今天是有史以來最偉大的一天，因為它是由過去一切時代所造就，其中包含過去的種種成就與進步。今天非常珍貴，因為昨天已過去，明天尚未來臨，只有今天能給予我們一切。

第四輯
魔法的戒子

01 十字架是加號

小女孩上學了，她被帶進算術的奇妙領域，加號、減號、乘號和除號，帶給她的印象非常深刻。

有一天，在聖堂內，她專注地望著祭壇上那金色的十字架。她小聲地問父親：「祭壇上的那個加號是做什麼用的？」

從某個方面看，小女孩有她的符號觀，她錯認十字架也是加號。可是，從更深一層的意義看，她的看法也可說完全正確。因為十字架確實是一種加號。它是救贖的記號，是我們生命中的一個大加號。

智慧之泉

不論是誰，若不背著自己的十字架，在我後面走，不能做我的門徒。人，只有放下這個十字架，才能輕鬆而愉快。縱然十字架確實存在，我們也應視若無物，放鬆地朝前走。

〇2 真誠的可貴

人與人之間，真誠最為重要。因為只有真誠才能使讚語發揮效力。做父親的勞累了一天後回家，看到自己的孩子將臉貼在窗子，正等待和注視著自己，便會感到自己的靈魂沐浴在甜蜜的甘露之中。

真誠地讚揚別人，能夠幫助我們消除在日常接觸中所產生的種種摩擦與不快。這一點在家庭生活中體現得最為明顯。妻子或丈夫如能經常適時地講些使對方高興的話，那就等於取得了最好的婚姻保險。

孩子們特別渴望得到別人的肯定。一個孩子在童年時代如果缺少家長善意的讚揚，就可能影響到他個性的發展，甚至造成他終生的不幸。一位年輕的母親講了一件令人深思的事例：「我的小女兒經常淘氣，我不得不常常責罵她。有一天，她表現得特別好，沒有做一件惹人生氣的事。那天晚上，我把她安頓上床後正要下樓，突然聽到她在低聲哭泣。我忍不住問她出了什麼事。她邊哭邊問道：『難道媽媽不再愛我了？』」

第四輯 魔法的戒子

125

智慧之泉

人與人之間的溝通，主要是靠語言。講對方想知道、感興趣、關注的話題，講他愛聽的話，這是一個人魅力之所在。

03 信念的力量

有一位教師叫馬華‧柯林斯。30年前，她踏上講壇，在芝加哥的一所小學任教。她發現二年級學生中有一些竟然一點學習的興趣都沒有。深入了解後，她認為這些孩子並不是不能教，而是傳統教育給予他們的並不夠，沒讓他們建立起應有的信念。

馬華把一般的兒童讀本全扔了，讓這些孩子讀莎士比亞、托爾斯泰等人的作品。

不少教師大為驚訝：「那不是開玩笑嗎？他們怎麼看得懂？」甚至有人對馬華進行人身攻擊，說她會毀了孩子的未來。

然而，這群孩子不僅看懂了那些書並且愛不釋手。

馬華深信，每個孩子都各有自己的個性，因而也就有自己學習的喜好。她堅持這個信念，以無比的愛心和耐心，使這群孩子都對自己建立起足夠的信心。

我在馬華創建的私人學校見到了她的學生，其中一個年僅4歲的男孩叫塔馬吉‧噶里芬。他剛看完約翰‧斯坦貝克的《鼠與人》。我問他：「塔馬吉，它給了你哪些啟示？」

「羅賓先生，它說，在孩子的世界，從來不會以皮膚的顏色去衡量人，只有大人才會這麼做。這使我注意到，有一天我也會長大成人。但我絕不會忘記這

本書中所說的。」

　　我被他的話深深感動了。不過，我還想考考他：
「柯林斯女士教給你的最重要的一件事是什麼？」

　　「她教給我最重要的一件事就是：外人可以安排
我的未來，但只有我才握有決定權。」

　　我沒有理由不佩服馬華和她的學生，畢竟說這話
的人是個只有4歲的孩子。

智慧之泉

唯有那些有主張、深具獨創性、肯研究問題、善
於經營管理的人才是人類的希望，才是人類的開
路先鋒。

04 誇獎的方式

春天來了，別的街區，去學校讀書的小女孩都穿上漂亮的新衣。但是，這個蓋特街來的小女孩還是穿著那件她已穿了一冬的髒罩衫。也許，她只有這身衣服？

她的老師深深地嘆了口氣：多好的小女孩啊！她學習起來可真用功！她懂禮貌，見了人總是笑咪咪的。可惜她的臉從來不洗，還有一頭蓬亂的頭髮。

一天，老師對這個小女孩說：「明天上學以前，請妳為我洗洗妳自己的臉，好嗎？」

第二天，漂亮的小女孩洗乾淨了臉，還把頭髮梳得整整齊齊。放學時，老師又對她說：「好孩子，讓媽媽幫妳洗洗衣服吧！」

可是，小女孩還是每天穿著那身髒衣服來上學。她的媽媽可能不喜歡她？老師心想。於是老師去買了一套美麗的藍色連衣裙，送給了小女孩。孩子接過這禮物，又驚又喜。

128

第二天，小女孩穿著那套美麗的衣服來上學。她又乾淨又整齊，興高采烈地對老師說：「我媽媽看我穿上這身新衣服，嘴巴都張大了。爸爸出門去找工作了。可是沒關係，吃晚飯時他會看到我的。」

做爸爸的看到穿著新衣服的女兒，不禁暗自沈吟：真沒想到我的女兒這麼漂亮！當全家人坐下來吃

飯，他又吃了一驚：桌子上鋪了桌布！家裡的飯桌上從來沒用過桌布。他忍不住問道：「這是什麼？」

「我們要整潔起來了。」他的妻子說：「又髒又亂的屋子對我們這個乾淨漂亮的小寶貝來說，可不是一件好事。」

晚飯之後，媽媽開始擦洗地板。爸爸站在一旁看了會兒，就不聲不響地拿起工具，到後院修理院子的柵欄去了。第二天晚上，全家人開始在院子裡開闢一個小花園。

第二個星期，鄰居開始關心地看著小女孩家的活動。接著，他也開始油漆自己那十多年未曾動過的房屋。這兩家人的活動引起了更多人的注意。於是，有人向政府、教會和學校呼籲：應該幫助這條沒有人行道、沒有自來水的街區的居民。他們的境況這樣糟，可是他們仍然盡力創造一個美好的環境。

幾個月後，蓋特街簡直變得讓人認不出了。修了人行道，安上了路燈，院裡接上了自來水。小女孩穿上她的新衣服的6個月後，蓋特街已經是一條住著友好、可敬的住民，環境整潔的街道了。得知蓋特街之變化的人管這叫「蓋特街的整潔化」。這個奇蹟越傳越遠。

智慧之泉

> 美的東西能激發人心深處的力量，使人的頭腦更加清新，精力得以恢復和保持，並促進身體與精神的健康。

第四輯 魔法的戒子

05
歡樂與痛苦

一個人活著，可以像燕子掠水般划過生活的表面，不被任何事物觸動。這種生活容易過，但得到的東西太少了。那些竭力避開痛苦的人也必然失去體驗生活中那種震顫心靈之歡樂的機會。想要感受得深刻，並全面了解我們自己和別人，就必須體驗一切事物。

我認識一個女人，她的獨生女在35歲時留下兩個孩子死了。當時她住在紐約，而兩個孫女住在阿拉斯加。朋友都勸她去看看那兩個沒有母親的孩子。但是她說：「不！我肯定受不了！珍妮看上去就和海倫小時候一模一樣。看見她，無異於讓我去死！」

海倫是我的舊友，所以我就邀請珍妮到我家來。她剛一走進門，我就哭了。那情景太刺激人了——珍妮簡直就是海倫的完美複製品！我完全可以理解，這對於海倫的母親將會是一種什麼樣的痛苦。但是，躲避了這種痛苦，她也失去了所有我所經驗到的那些重新復活的，我和海倫往日一起度過的愉快時光。

珍妮的到來，使我記起了往昔的不幸，可是我又生出了一種感激之情——甚至是一種狂喜——因為海倫還活生生地活在珍妮身上。我哭了，是因為勝利了。而這孩子的外祖母卻跑開並失蹤了。

我常常感到自己在最司空見慣的事物中尋找歡樂

的能力（比如觀察一朵花兒怎樣開放、樹葉怎樣變紅、鳥兒怎樣洗澡），似乎每一次都在我經歷了巨大的悲痛之後而得到深化。死亡使生命更可貴，挫折使成功更圓滿。

在允許痛苦進入我們的生活之際，我們還必須在清教徒式的「面對現實」和它的另一個極端——「逃避現實」之間取得平衡。在我書桌的上方，貼著我丈夫送給我的一句話：「唯一感到害怕的時候，是我不能從自己的痛苦中有所獲益的時候。」每當我感到痛苦、失望或者憂慮的時候，我就去讀這句話。

智慧之泉

無愧於自己生活中的痛苦——能夠接受它並讓它擴充我對自己的了解和對別人所受之痛苦的同情之心，我們就能無愧地去享受那在痛苦之後必會到來的歡樂。

第四輯 魔法的戒子

131

06 信 任

　　信任一個人，有時需要花費許多年的時間。因此，有些人甚至終其一生，也沒有真正信任過任何一個人。倘若你只信任那些能夠討你歡心的人，那是毫無意義的；倘若你信任你所見到的每一個人，那你就是一個傻瓜；倘若你毫不猶豫，匆匆忙忙地去信任一個人，那你就可能也會那麼快地被你所信任的那個人背棄；倘若你只是出於某種膚淺的需要，去信任一個人，那麼接踵而來的可能就是惱人的猜忌和背叛。但倘若你遲遲不敢去信任一個值得信任的人，那就永遠不能獲得愛的甘甜和人間的溫暖，你的一生也將會因此而黯淡無光。

　　信任是一種生命力洋溢的感覺，一種高尚的情感，更是一種連接人與人之間的紐帶。你有必要信任另一個人，除非你能證實那個人不值得你信任；你也有權受到另一個人的信任，除非你已被證實不值得那個人信任。

智慧之泉

　　贏得他人的信任，你就能獲得支持和財富。信任是友誼的紐帶。有了信任，友誼便有了靈魂，變得深沉、清朗、高尚。有了信任，便有了自由之心靈的和諧。

07 自己與自己

俗語說：「自己與自己過不去。」

當自己突然明白，還有兩個「自己」與自己「對影成三人」之時，那兩個「自己」已相互挾持左右著自己。

自己與自己，互相充滿「內心的困惑」：

一個自己要「知足常樂」，淡泊致遠；一個自己要「不懈地追求」，突圍展翼。

一個自己像樹上的烏鴉，叼了一塊肉；另一個自己則是狐狸，哄騙樹上叼肉的烏鴉，用盡花言巧語。

一個自己想栽種葡萄；另一個自己又說葡萄是酸的。

自己很自己的時候，常是「老王賣瓜，自賣自誇」；自己不自己的時候，信仰萎縮，靈魂自溺，生命充滿負面的意義。

更多的時候，自己通常被夾擊在兩難之間，口念「儉樸度日」，心卻渴盼「福祿壽喜」；心想誠實勞動，無私奉獻，遇事則陷入一己的「恩怨得失」；明知該崇敬人格與學識，遇利即看人眼色，耽於媚欲；深知應該實事求是，公道仗義，利害卻脅迫自己口是心非，言行不一。

自己設公堂審判自己，自己與自己打著官司。寧靜狀告躁動，躁動鬧醒沉思。時而這個自己「大打出

133

手」，時而那個自己「防不勝防」。這一場這個自己
「走紅」，那一場那個自己「盈利」。最怕兩者呼應，
合謀煽起一場「寒火攻心」的頑疾。

　　總在為難自己，總在殘缺自己，恰恰是因為，許
多時候，我們常常不能成為自己。

智慧之泉

人的身後都有一串疊影，除了維護自身形象那個
正面影子外，有些面孔可能讓我們自己也吃驚，
也不認識。我們只能不停地克制，才能維護那交
給日常生活的形象。

08 螞蟻與大鳥

　　法國一個作家說：「我們每個人都應該盡己之所能去幫助每一個人，因為我們也經常需要別人的幫助。幫別人一次小忙，人家或許會因感激而幫你一個大忙。」

　　對此，他講了一個故事——

　　一隻螞蟻在河邊喝水，不小心掉進河裡。它用盡全身力氣想靠近岸邊，但它根本動不了。小螞蟻已疲憊不堪，但它仍不停地努力。這時，正在河邊覓食的大鳥發現了它。出於同情，這隻大鳥銜起一塊木片，投到河裡。

　　沿著木片，小螞蟻終於回到岸上。小螞蟻在草地上曬乾了身上的水。這時，它聽到一個人接近的腳步聲。這人光著腳，手中拿著槍。他看到了那隻大鳥，立刻沈著地端起了槍。小螞蟻急中生智，咬了一下他的腳。就在這一刻，大鳥也發現了那個獵人，很快飛遠了。

智慧之泉

　　不要以為只有攀附有錢有勢的人，才能使自己得到好處。只要可以幫助別人，哪怕是舉手之勞，也不要迴避，應當盡可能把自己的愛心獻出來。

09 愛與被愛

一個哲學家，晚飯後往郊外散步，遇見一個人在那兒傷心地哭泣。哲學家問他為何如此傷心。那人回答：「我失戀了。」

哲學家聞言，連連撫掌大笑道：「糊塗啊糊塗……」

失戀者停住哭泣，氣憤地質問：「有學問的人，就可以如此嘲笑愚弄別人嗎？」

哲學家搖搖頭：「非我取笑你，實是你自己取笑自己啊！」

見失戀者不解，他接著解釋道：「你如此傷心，可見你心中還有愛。既然你心中有愛，那對方就必定無愛，不然你們又怎會分手？而愛在你這邊，你並沒有失去愛，只不過失去一個不愛你的人，這又有什麼好傷心的？你還是回家去吧！該哭的是那個人！她不僅失去了你，還失去了心中的愛，多可悲啊！」

失戀的人破涕為笑，怪自己竟沒看透這淺顯的道理，向哲學家鞠了個躬，轉身離去。

智慧之泉

愛神總是蒙著眼睛，闖進人的心靈。文中的哲學家不過是摘下了蒙在這位失戀者眼上的布。

10 人生的算式

「當你讀錯一本書的時候，不要以為你只是讀錯了一本書，因為同時你也失去了讀一本好書的時間和機會！」這是著名教育家、作家夏丏尊告誡青年的一段話。

我們不妨將這個道理推而廣之：你錯了一次，就同時失去了一次對的時間和機會；你失敗了一次，就同時失去了一次成功的時間和機會；你虛度一天，不僅僅是浪費一天，而是兩天……這是一種特殊的運算——並沒有 $1-1$ 的算式，而是$-1-1＝-2$。人生的成與敗、功與過，以及理想、目標、品德、事業等等，都是用這個算式計算出來。

只要稍用點心觀察，就會發現上述算式的普遍性：兩個同學的智力相差無幾，成績也相當，但在關鍵時刻，一個考上大學，另一個名落孫山。原來後一個同學在考試前幾個月因故耽誤了溫習。他浪費了一點時間，損失卻是雙倍的。失去了上大學的機會，想再補回來，得需要花兩倍乃至更多的時間和精力。

智慧之泉

人生的算式使我們明白：付出一份辛苦，得到雙倍的成果；少出一份力氣，遭受雙倍的損失。

11 學習呼吸

　　終日忙忙碌碌的現代人，什麼時候「安住於當下」？走在大街上，你看到的是一雙雙為焦慮和痛苦所扭曲的臉，人們不是在享受他生活的每一分鐘，而像是在不斷逃離，卻不知要什麼，也不知要逃離什麼，呼吸紊亂，身心分裂。我們習慣於活在過去、活在將來，就是未思及活在當下的每一刻。可嘆啊！生命就在一呼一吸之間，我們失去的恰恰是體察呼吸，體察活著這一事實的樂趣。我們對自己說：想要好好地活，等我畢業了，我得找個好工作，然後買小汽車，買房子……我們習慣於將好好活著推向遙遠不可知的未來。殊不知，現在這一刻不好好活，我們終其一生都很難好好地活。

　　所謂學習呼吸，就是要守住當下的每一刻。這一刻才是真實的。你要享受生命，就得從呼吸的每一分鐘開始。我們來到我們的呼吸室，就是要使我們逃離的身心回歸心中的樂園。人類做這種練習已有三千多年。當我們吸氣，我們知道自己在吸；呼氣，我們知道自己在呼。在這樣做的過程中，我們觀察到周圍和內在的寧靜與快樂。

　　生活很艱難，它讓我們很難微笑。但我們必須努力去做，必須以微笑面對痛苦。痛苦不是生命的全部。人就像一台多頻道的電視機，轉到佛的頻道，我

們就是佛，轉到微笑的頻道，我們就微笑，轉到痛苦的頻道，我們就痛苦。我們不能讓一個單一頻道占領自己。學習呼吸，就為了轉移我們的痛苦。我們應當安詳地坐下來，呼吸、微笑，擁有自己的自主權。生命中充滿了痛苦，但也更充滿奇蹟，比如藍天、陽光、嬰兒的眼睛。無論我們身在何處、何時，都要有能力欣賞藍天和大地上生機勃勃的美妙事物。

現代人太忙了，幾乎沒有時間去關注自己所愛的人，哪怕自己的家人；也沒有時間關注自己。偶爾有時間，也不懂得如何利用它，使自己回歸自我。我們不習慣與自己相處，只知運用很多方式，打發掉那些時間。我們向電視開放，讓它統治我們；我們匆匆走上大街……我們的所作所為都為了試圖逃避自己，努力把自己忘掉；終日裡沒有微笑，日子苦不堪言。什麼時候，我們才能體驗到生命的安詳？

智慧之泉

認識自己，看清自己，在一種寧靜的狀態下梳理自己的情緒、思路。對過失及時反省，有了成果，就表揚一下自己，在心靈深處感覺自己，進而推廣到感受周圍的人和事，感受整個世界。

12 每日改進，終有所成

1996年美國職業籃球聯賽開始之初，洛杉磯湖人隊面臨重大的挑戰。前一年，湖人隊本有很好的機會贏得王座。當時，所有的球員都處於巔峰。可是，決賽時卻輸給了波士頓的凱爾特人隊。這使得湖人隊教練派特・雷利和所有球員都極為沮喪。

派特為了讓球員相信自己有能力登上王座，便告訴大家，只要每個人能夠在球技上進步1%，那個賽季便能夠得到出人意料的好成績。1%的成績似乎微不足道，可是，如果12個球員每個人都進步1%，整個球隊便能比以前進步12%。只要能進步1%以上，湖人隊便足以贏得冠軍寶座。結果大部分球員進步了不止5%，有的甚至高達50%以上。果然，這一年湖人隊奪冠，而且是冠軍到手最容易的一年。

日本企業之所以能有今日的風光，很大的原因是得益於美國品質管理大師戴明的指導。但是，日本人自己追求品質的決心也功不可沒。他們經常把一個詞掛在嘴上，那就是「改善」。這個詞在日文裡有「沒有休止」的意義。事實上，「改善」有個原則，就是逐步慢慢地改進。哪怕這種改進是多麼微不足道，只要每天能有小小的進步，長久累積下來，便能取得驚人的成績。

許多人經常處於惶惶不可終日之中，他們天天不是擔心工作沒了，便是憂慮錢虧了，不是擔心可能會離婚，便是懷疑自己得病了。我可以不擔心目前所擁有的一切，因為我每天都在改進，而每天也確實在不斷地進步。

智慧之泉

成功快樂的人生得時時不斷改進自己的品質，不斷成長、不斷拓展信念。

第四輯 魔法的戒子

141

13 沙漠中的祈禱者

他，一個人孤單地躺在沙漠中，靜靜地等待死亡的降臨。幾天前，有人告訴他沙漠中有寶藏。於是他裝備整齊地進了沙漠。可是寶藏沒找到，所帶的食物和水卻吃完喝盡了。他再也沒有力氣站起來。

夜晚，他感覺到自己快要死了，於是做了最後的祈禱：「神啊！請給我一些幫助吧！」神真的出現了，問他需要什麼。他急忙回答：「食物和水，哪怕是很少的一份也行。」

片刻後，他精神百倍地站在那兒。他不斷責怪自己為什麼不向神多要一點東西？他帶上剩下的食物，繼續向沙漠深處走去。這一次他找到了寶藏。就在他準備把寶貝盡可能多一些帶回去時，卻發現食物已所剩無幾。為了減少體力的消耗，他不得不空手往回走。最後，他又躺倒在地。神這時再度出現，問他需要什麼。他喃喃地答道：「食物和水……請給我更多的食物和水……」

智慧之泉

人到死也離不開欲望。一個欲望滿足了，立刻出現一個更難滿足的新欲望。貪婪無度會消耗一個人的青春，縮短他的壽命。

第五輯
想改變命運的人

01 一切都可以重新再來

在倒塌的廢墟中，重新站立起來的就是嶄新的大樓。這件事在一般人的眼中，好像是理所當然，可它隱藏的哲理，卻是含意十分深遠……

英國史學家卡萊爾費盡心血，經過多年的努力，總算完成法國大革命史的全部文稿，他將這本巨著的原件送給他的朋友米爾閱讀，請米爾批評指教。

隔了幾天，米爾臉色蒼白、渾身發抖跑來，他向卡萊爾報告一個悲慘的消息。原來法國大革命史的原稿，除了少數幾張散頁外，已經全被他家裡的女傭當作廢紙，丟入火爐化為灰燼了。

卡萊爾非常失望，因為他嘔心瀝血所撰寫的這部法國大革命史，當初他每寫完一章，隨手就把原來的筆記撕得粉碎，沒有留下來任何紀錄。

第二天，卡萊爾重振精神，又買了一大疊稿紙。他後來說：「這一切就像我把筆記簿交給小學老師批改時，老師對我說：『不行！孩子，你一定要寫得更好些！』」

我們現在讀到的法國大革命史，就是卡萊爾重新寫過的經典之作！

智慧之泉

一個人在經歷長期的努力，馬上就要觸摸成功時，突然出現一場意外，讓你必須重新做，這對人的打擊是巨大的。當一個人能夠接受這一切，並重新開始時，這個人是偉大的。

第五輯　想改變命運的人

02 控制自我

　　為避免使心靈失去平衡，平時就要培養堅定的意志，避免受到任何事物的影響，成為一個能夠控制自我的人。

　　居禮夫人從她發現鐳的那一天起，曾獲10項獎金，16枚獎章，107個名譽頭銜，2項諾貝爾大獎，譽滿全球。而居禮夫人卻把自己的獎牌當作玩具讓孩子玩，目的是讓孩子知道獎牌和玩具沒有什麼不同。

　　愛因斯坦曾經說過：「在所有的世界著名人物中，瑪麗‧居禮是唯一沒有被盛名寵壞的人。」可見，面對成就、名利，保持心靈的平衡是難能可貴的。

　　在現實中，我們常常會因一點小事而使心靈失去平衡，原因是煩惱和驕傲。我們不論處於何種情況，都應保持心靈的平衡，勇敢平靜地生活。因失敗或某些困難而自暴自棄，是心靈失衡的表現；因升遷、成名而目中無人，也是心靈失衡的表現。

智慧之泉

有高貴品格的人是什麼樣的人？是常常能夠保持心靈平衡的人。而被名利寵壞了的，大有人在，相信我們自己不是其中的一個。

03 包裝並不是偽裝

人的包裝是一種對內在美和外在美的追求，是讓別人更多地了解自己，更直接地發揮自己的一技之長，從而實現自己的人生價值的積極手段；而偽裝則是一種把自己的缺點和不良本質掩蓋起來的行徑，其不可告人的目的，就是為了欺騙別人以攫取私利。

世界最大的香皂製造商之一莫利威‧皮托公司董事長賴托爾，年輕時是一位微不足道的推銷員。

這位立志要成為財界大人物的小夥子，每當推銷失敗之後，不一會兒，他又會回到拒他於千里之外的店鋪，向老闆討教他進店時的動作以及言詞、態度等有什麼不妥之處，懇請傳授成功的經驗。

這種虛心坦誠求教的精神和淳樸的態度，不僅得到了寶貴的忠言和批評，而且被他拜訪的商店老闆，都很樂意與他建立友誼並成為他的新主顧。

兩年後，他升任銷售部主任。五年後就與朋友合作開辦香皂工廠。

賴托爾根據自己的親身體會，十分注意業務員的包裝。

他告誡部下：「包裝不僅僅是服裝，還有講話，講話比服裝還重要。」

他從走路、開門、態度、笑容、禮貌等每一項小細節開始，逐一包裝推銷員。

經過十幾年來的努力，他擁有一支強大的銷售的團隊，他的夙願終於實現了。

04 人生舞台

人生是一個大舞台，每個人都會選擇適合他的角色，但並不見得每個人都會演好自己的角色。

拿破崙是法國著名軍事家，他曾說過：「兵士穿上兵士的制服就變成兵士，將軍穿上將軍的制服就變成將軍。」當然，在這裡制服並非指制服本身，而是「角色」之意。

拿破崙強調的是，擔任兵士這個「角色」的人，充其量只能發揮與其地位（兵士）相當的能力，但是若予以更高的地位，則能隨之發揮與該地位匹配的能力。

對此，心理學稱之為「角色期待」，回應角色期待而有所長進的不只是能力，還包括言談、舉止等等。

我們大概都經歷過這樣的事情，某人原來作為同事時並沒有多少特別的地方，甚至還十分普通。調轉其他單位後，步步晉升，偶然相逢，風度、言談大不一樣，人們開始對他另眼相看。而如果他不被提拔，恐怕無法發揮潛能，產生自信。

所以說，要想增長能力、擁有自信，就要接受高一級的角色，能力是從重負那裡壓出來的。如果你身為負責人，就應當讓有作為的下屬穿著高一級的制服。不僅你的人事能力有所鍛鍊，且上級也會認可你

的能力。

　　人們的許多能力是在壓力下展現出來的。隨著環境、職務、責任的變化，人的潛力就會被激活，出現「人穿上什麼衣服，就像什麼人」的現象。

智慧之泉

大慶油田的工人王進喜曾說：「井無壓力不出油，人無壓力難進步。」可見人還是多一點壓力好。

○5 智者和愚者

西方有句諺語說：「愚者用嘴巴說話，智者用眼睛觀察。」

一個人問阿凡提：「智者和愚者的區別，在什麼地方？」

阿凡提回答說：「智者好比結滿果實的樹枝，總是低低地俯著身子，眼睛瞅著地，心裡很踏實；愚者好比不結果實的樹枝，眼睛望著天，乾乾癟癟，腹中空虛，略微吹來一點風，就左右搖晃，來回擺動。」

智慧之泉

正如鑽石埋在深處一樣，內在的東西比表面的東西更具有雙倍的重要性。有的人完全是門面貨，好像一座因資金不夠只修完門面的房子，入口處像宮殿一般輝煌，裡間的屋子卻像草棚一樣簡陋。你在他們的房子裡找不到休息的地方，儘管他們自己總是在休息，因為他們一旦和你把該說的客套話說完之後，就無所事事了。

06 活學活用

　　學問如果不能活用，則猶如一盞沒有點亮的燈。

　　中國歷史上有一則「紙上談兵」的故事，說的是趙國大將趙奢之子趙括，從小跟著父親學習兵法，熟讀兵書，論談兵布陣，無人能比。由於只會誇誇其談，脫離實際，結果任趙國大將之後，長平一戰40萬趙軍全部當了俘虜，趙括自己也被亂箭射死。

　　讀書的要訣在於不僅是閱讀，而且要活用。不能活用的學問，便等於無學問。正如卡萊爾所說：「除非是透過身體力行所得到的知識，否則，就不能說你擁有這種知識。」

　　書讀得多而不加思索，你就會覺得你知道得很多，但當你讀書多而思考也多的時候，你就會清楚地明白你知道得很少。有許多人很喜歡炫耀自己並不廣博的知識，而能以知識來向社會生活挑戰的人卻不多。知識最重要的就是活學活用。

智慧之泉

光會翻書本的學者最終會完全喪失思考能力。翻書的時候不妨停一停，讓「死」的知識在頭腦裡「活」起來。只有這樣，當你不翻書的時候，才會內心充實。

07 樂在工作

近年來，「樂在工作」是一個十分流行的口號，但真正了解樂在工作的意義的到底有幾人？以下這個故事，可以帶給你新的思考。

一個歐洲觀光團來到非洲一個叫亞米亞尼的原始部落。部落裡有一位老者穿著白袍盤著腿安靜地在一棵菩提樹下做草編。草編非常精緻，它吸引了一位法國商人。

他想，要是將這些草編運到法國，巴黎的女人戴著這種草編的小圓帽挎著這種草編的花籃，將是多麼時尚多麼風情啊！

想到這裡，商人激動地問：「這些草編多少錢一件？」

「10塊錢。」老者微笑著回答道。

「天啊！這會讓我發大財的。」商人聽了驚喜若狂，因為價格太便宜了。

於是，他興沖沖地問對方。

「假如我買五千頂草帽和五千個草籃，那你打算每一件優惠多少錢？」

「那樣的話，一件就得要20塊錢。」

「什麼？」這個法國商人，簡直有點不敢相信自己的耳朵！

他幾乎大喊著問：「為什麼？」

153

「為什麼？」老者也生氣了，「做五千頂一模一樣的草帽和五千個一模一樣的草籃，它會讓我乏味死的。」

人生的幸福，主要是從工作中獲得。人生的快樂與安慰，來自於工作的勤勉努力。工作顯示人的獨立人格，樹立人的堅強信心，培養人的樂觀心情。只有熱愛工作者，才是幸福之人。

08
相由心生

　　佛家云：「放下屠刀，立地成佛」，告訴我們的是──只要心有了善念，壞人就會變成好人，自覺就是最大的智慧。

　　有一個雕塑家有一天發現自己的面貌越來越醜了。「醜」並非指膚色、五官（他原來長得很不錯的），而是指神情、神態，怎麼就那樣的「狡詐」、「兇惡」、「古怪」，以至於使面相本身也讓人可惡可怕。

　　他遍訪名醫，均無辦法。因為，不論是吃藥也好，整容也好，都無法醫治五官之間的「關係」──無法醫治一個人的愁眉苦臉，無法醫療「滿臉橫肉，兇神惡煞」。

　　一個偶然的機會，他遊歷一座廟宇時，把自己的苦衷向住持說了。住持說：「我可以治你的『病』，但不能白治，你必須為我先做一點工──雕塑幾尊神態各異的觀音像。」雕塑家接受了這個條件。

　　在中國千百年的傳統文化中，觀音是慈祥、善良、聖潔、寬仁、正義的化身，而她（他）的面相神情，自然就是人民群眾心中這些概念的形象化、典型化。雕塑家在塑造過程中不斷研究、琢磨觀音的德行言表，不斷模擬她（他）的心態和神情，達到了忘我的程度。他相信自己就是觀音。

半年後，工作完成了，同時，他驚喜地發現自己的相貌已經變得神清明朗，端正莊嚴。

他感謝住持治好了他的病。

「不，」住持說：「是你自己治好的。」

此時，雕塑家已經找到了原來「變醜」的病根——過去兩年，他一直在雕塑夜叉！

智慧之泉

正所謂「相由心生，相隨心滅」。一個人是什麼，是因為他相信自己是什麼。那麼，相信你自己能行，就一定行。堅定自信，才會促使自己的潛能發揮，想方設法去成就大事。

陳年老酒

從前有個富翁，他對自己窖藏的葡萄酒非常自豪。窖裡保留著一罈只有他知道的，某種場合才能喝的陳年老酒。

州府的總督登門拜訪。富翁提醒自己：這罈酒不能僅僅為一個總督啟封。地區主教來看他，他自忖道：不，不能開啟那罈酒。他不懂這種酒的價值，酒香也飄不進他的鼻孔。

王子來訪，和他同進晚餐，但他想：區區一個王子喝這種酒過分奢侈了。甚至在他親侄子結婚那天，他還對自己說：不行，接待這種客人，不能抬出這罈酒。

許多年後，富翁死了，像每粒橡樹的籽實一樣被埋進了地裡。

下葬那天，陳酒罈和其他酒罈一起被搬了出來，左鄰右舍的人們把酒統統喝光了，也沒有人知道這酒的年代和它所賦予的歷史意義！

智慧之泉

人們要學會享受生活，否則，你就等於沒有生活。我們要學會重視今天，因為只有今天才是我們真正擁有的。

10 擺脫依賴

凡事依賴慣了別人，久而久之，你就會看不到自己了。

有一朵看似弱不經風的小花，生長在一棵高聳的大松樹下。小花非常慶幸有大松樹成為它的保護傘，為它遮風擋雨，每天可以高枕無憂。

有一天，突然來了一群伐木工人，兩、三下的功夫就把大樹整個鋸了下來。小花非常傷心，痛哭道：「天啊！我所有的保護都失去了，從此那些囂張的狂風會把我吹倒，滂沱的大雨會把我打倒！」

遠處的另一棵樹安慰它說：「不要這麼想，剛好相反，少了大樹的阻擋，陽光會照耀你、甘霖會滋潤你；你弱小的身軀將長得更茁壯，你盛開的花瓣將一一呈現在燦爛的日光下。人們就會看到你，並且稱讚你說：這朵可愛的小花長得真美麗啊！」

智慧之泉

突然失去了一些以為可以長久依靠的東西，自然會心慌意亂，但其中卻隱藏著無限的祝福和機會。

11 猴子的爺爺

在武俠小說的世界中，人人都知道招式用老了，終會敗在對方的手上。

從前，有一個賣草帽的人，每一天，他都很努力地賣著帽子。

有一天，他叫賣得十分疲累，剛好路邊有一棵大樹，他就把帽子放著，坐在樹下打起盹來。等他醒來的時候，發現身旁的帽子都不見了，抬頭一看，樹上有很多猴子，而每隻猴子的頭上，都有一頂草帽。他十分驚慌，因為如果帽子不見了，他將無法養家糊口。

突然，他想到猴子喜歡模仿人的動作，他就試著舉起左手，果然猴子也跟著他舉手；他拍拍手，猴子也跟著拍手。

他想，機會來了，於是他趕緊把頭上的帽子拿下來，丟在地上；猴子也學著他，將帽子紛紛都扔在地上。

賣帽子的人高高興興地撿起帽子，回家去了。回家之後，他將這件奇特的事，告訴他的兒子和孫子。

很多很多年後，他的孫子繼承了家業。有一天，在他的賣草帽的途中，也跟爺爺一樣，在大樹下睡著，而帽子也同樣被猴子拿走了。

孫子想到爺爺曾經告訴他的方法。於是，他舉起

左手，猴子也跟著舉起左手；他拍拍手，猴子也跟著拍拍手。果然，爺爺所說的話真的很管用。

最後，他脫下帽子，丟在地上；可是，奇怪了，猴子竟然沒有跟著他去做，而是直瞪著他，看個不停。

不久之後，猴王出現了，把孫子丟在地上的帽子撿了起來；還很用力地對著孫子的後腦勺打了一巴掌，說：「開什麼玩笑！你以為只有你有爺爺嗎？」

智慧之泉

俗話說：「得意不可再往。」因為時間、地點、人物發生了變化，即使用同一種方法，第一次成功並不意味著第二次也能成功。

12 傲慢的獵人

　　一個獵人，帶著他的袋子、彈藥、獵槍和獵狗出發了。雖然人人都勸他在出門之前要把彈藥裝在槍筒裡，但他還是只帶著空槍走了。

　　「廢話，」他嚷著：「以前我沒有出去過嗎？而且不見得我出生以來，天空中就只有一隻麻雀呀！我走到那裡得一個鐘頭，哪怕我要裝100回子彈也有的是時間。」

　　彷彿命運女神在嘲笑他的想法似的，他還沒走過開闊地，就發現一大群野鴨密密地浮在水面上，我們的獵人一槍就能打中六、七隻，毫無疑問，夠他吃一個禮拜的，如果他出發前裝了子彈的話。

　　現在他匆忙裝上子彈，野鴨已經發出一聲叫喚，一齊飛起來了，很快就看不見了。

　　糟糕的是，天空又突然下起了雨來。獵人渾身被淋得都是雨水，袋子空空如也，只好拖著疲憊的腳步回家去了。

智慧之泉

　　每天有每天的事。今天的事是新鮮的，與昨天的事不同。明天也自有明天的事。所以今天的事，千萬不要拖延到明天。

給自己一個好暗示

為了達成某種目標，在過程中不斷給自己好的心理暗示，如此更容易心想事成！

美國一個心理研究組織曾做過一項實驗：安排幾個志願人員，先測量每個人的握力平均是101磅，然後將這些人催眠，並暗示他們現在是軟弱無力，渾身沒勁。

經過這種催眠暗示之後，再重新測量他們的握力，結果發現，他們的平均握力居然只剩下60磅左右了。

但是，在同樣被催眠的情況下，如果給予他們一種完全相反的暗示，告訴他們每個人都是大力士，強壯無比。如此一來，其平均握力竟可達到140磅。換句話說，他們的平均握力在瞬間足足增加了四成。

智慧之泉

心理暗示具有神奇的功能，它能調整人們的潛能。也就是說，人的能力是受心理控制的，而人在緊張時，也會創造出許多平時難以達到的紀錄。

14 富貴無邊

缺乏主見的人，處處被人牽著鼻子走，即使有很好的機運，也將錯失！

當代著名的國畫大師俞仲林，以工筆花鳥享譽畫壇，尤擅長畫牡丹。

有一次，某人慕名買了一幅他親手所繪的牡丹，回去以後，很高興地掛在客廳裡。

此人的一位朋友看到了，大呼不吉利，因為這朵花沒有畫完全，缺了一部分，而牡丹代表富貴，缺了一角，豈不是「富貴不全」嗎？

此人一看也大為吃驚，認為牡丹缺了一邊總是不妥，拿回去預備請俞仲林重畫一幅。

俞氏聽了他的理由之後，靈機一動，告訴這個買主，牡丹代表富貴，缺了一邊，不就是「富貴無邊」嗎？

那人聽了俞氏的解釋之後，又高高興興地捧著畫回去了。

智慧之泉

辭彙的排列順序是相當有趣的，不同的組合會有不同的解釋。對一件事情的不同表述，會有截然不同的效果。「富貴不全」與「富貴無邊」全靠自己心靈的理解了。

15 多種思維

有一天，幼稚園的老師問一群孩子：「花兒為什麼會開？」

第一個孩子說：「花兒睡醒了，它想看看太陽。」

第二個孩子說：「花兒一伸懶腰，就把花朵給頂開了。」

第三個孩子說：「花兒一定是想跟小朋友比一比，看看哪一個穿的衣服更漂亮。」

第四個孩子說：「花兒想看一看有沒有小朋友把它摘走。」

第五個孩子說：「花兒也有耳朵，它伸展身軀，想出來聽一聽，小朋友們在唱什麼歌。」

年輕的幼稚園老師被深深地感動了。

因為，老師原先準備的答案十分簡單，簡單得有幾分枯燥——「花兒為什麼會開？因為，天氣變暖和了！」

智慧之泉

創意就是突破舊思考模式脫穎而出的新思維，對事物的看法如果能多啟發出各種聯想力，你就會是一個具有創意的人。

16 誰比較聰明？

老是想佔別人便宜的人，常常會忘記自己！

城裡人和鄉下人一起坐火車。城裡人看鄉下人老實好欺負，就提議兩人來猜謎。

城裡人說：「咱倆來猜謎語，每人出一個謎給對方猜。誰猜不著，就輸給對方100塊錢，好不好？」

鄉下人想了一會兒，答道：「不，你們城裡人比我們鄉下人聰明得多，這樣猜，我肯定要吃虧的。不如讓我少吃一點虧吧：如果你猜不著就輸我100塊，我猜不著就給你50塊。怎麼樣？」

城裡人自恃聰明不可能輸，就欣然答應了。

鄉下人說：「什麼東西三條腿在天上飛？」

城裡人左想右想也想不出謎底，只好掏出100塊給鄉下人，並接著問道：「三條腿在天上飛，到底是什麼東西？」

鄉下人遞給他50塊，笑著說：「我也不知道啊！」

智慧之泉

自恃甚高的人，常會忘記「人外有人，天外有天」這句話；同時，這世上「扮豬吃老虎」的「傻瓜」也是大有人在，對陌生人千萬不要掉以輕心。

17 船長的智慧

當一艘船開始下沉時，幾位來自不同國家的商人正在開會。

「去告訴這些人穿上救生衣跳到水裡去。」船長命令他的大副說。

幾分鐘後大副回來報告：「他們都不肯跳！」

「你來接管這裡，我去看看，我能做點什麼。」船長命令道。一會兒，船長回來了，他說：「他們全都跳下去了！」

大副聽了滿臉欽佩，問道：「船長，您是怎麼辦到的？」

「沒什麼，我對英國人說那是一項體育競技，於是他跳下去了。我對法國人說那是很浪漫的行為；對德國人說那是命令；對義大利人說天主隨時隨地都會照顧他的；對蘇聯人說那是革命行動。」

「那您是怎麼讓美國人跳下去的呢？」

「我對他說公司對每個乘客都有買保險。」

智慧之泉

對處於不同環境和背景的人採取不同的對策，就能夠成功駕馭對方。

18 朋友之道

　　真正的朋友在精神方面的感應，和狗的嗅覺一樣靈敏；他們能體會到朋友的悲傷，猜到悲傷的原因，老在心裡牽掛著。

　　好萊塢有位演員。有一天他進了影棚，一位朋友提醒他，鈕扣上下扣反了。他低頭看了看連聲向朋友道謝並扣好鈕扣。可等他的朋友走開以後，他又把鈕扣上下重新扣反。

　　一個年輕人正好瞧見這一過程，十分不解地問他究竟是怎麼回事。知名演員說，他扮演的是個流浪漢，扣反鈕扣正好表現出他不注重形象、對生活失去信心的一面。

　　年輕人聽了更是困惑地問道：「可你為什麼不向朋友解釋，或者說這是演戲的需要呢？」

　　知名演員坦然地笑了，說：「他提醒我是把我當作真正的朋友，是出於對我的關心。假如，我一定要解釋個清楚，就極有可能讓他認為我做任何事都是有準備的，有一定原因的需要。這樣一來，久而久之，誰還能指出我的缺點？在他們眼裡，我的缺點也可以被認為是個性使然，而這恰恰是我必須要改善的地方啊！」

對於不斷奉承你的朋友必須特別小心，因為真正的朋友，除了愛與關懷之外，也會是適時提出忠告與批評的異議人士。

三個教授

不要認為自己很藐小，微不足道，只要在你的行業上專精鑽營，你必定也會是一個十分出色的人。

在一所大學的操場上，政治學教授、哲學教授和語言學教授三個人正圍著一根旗桿。

這時數學教授走過來問：「先生們在忙什麼呢？」

「我們需要這旗桿的高度，正在討論用什麼方法來得到它。」政治學教授回答。

「瞧我的！」數學教授說著，彎下腰抱緊旗桿使勁一拔，把旗桿拔出後，放倒在地，拿出捲尺量了量，「正好5.5公尺。」說完後便把旗桿插回原地，走了。

「真是的！」語言學教授望著他離去的背影輕蔑地說：「我們要的是高度，他卻給了我們旗桿的長度，瞎添亂！」

智慧之泉

尺有所短，寸有所長，即使是在某一個行業取得巨大成績的人，到了另一行業也存在著無知的盲點。

20 想改變命運的人

「窮算命、富燒香」，窮人想要改變命運，求教於算命卜卦者，富人想要更富有，用金紙賄賂神明。

工作不順、家庭破碎的失意者跑去找一個算命先生卜卦。

算命先生看看他的命盤後說：「你會一直窮愁潦倒到40歲，然後……」

「然後怎樣？怎麼樣？有轉機是吧？」

失意者抱著一絲希望，急急地問。

只見算命師再看了看他的命盤一眼，又重重地吸了一口菸，才慢慢地說——

「然後……然後嘛！慢慢你就會習慣了。」

智慧之泉

為了要改變命運而跑去算命，實際上是沒有效的，失敗要面對原因，提出檢討，然後提起勇氣再去開創未來！

21 尼克森的致富祕訣

「大富由天，小富由儉」，大富並不是人人都能做得到的，然而小富卻是人人都可以創造出來的。

尼克森奉行大蕭條時期「用到壞、穿到破、沒有也要過」的信條已經有許多年了。他覺得簡樸的人生也是富裕的人生，他還曾編輯出版了一份《吝嗇家月報》。

每個星期天，尼克森還主持CFRA電台的《省下來的就是你的錢》節目，與聽眾分享「吝嗇」之道，並當空中顧問。他說那些從30年代活過來的人，有些東西總是一用再用，能用多久就用多久，實在看不慣現在這個隨用隨丟的社會。

他在月報裡提供了十項省錢致富的小祕訣——

1.每月持續從薪水中撥出部分錢來存入銀行，5%、10%、25%都可以，反正一定要存。

2.搞清楚你的錢，每天、每週、每月流向哪裡，也就是要詳細列出預算與支出表。

3.檢查、核對所有的收據，看看商家有沒有多收費。

4.信用卡只保留一張，能夠證明身分就夠了，簽帳金額每月絕對還清。

5.自帶便當上班，這樣每週約可節省45美元的午餐費，每年就可以省下將近2200美元，可

付房屋貸款或存作退休基金。

6．與人合乘或搭乘公共交通工具上下班，節省停車費、汽油費、保險費、汽車的耗損以及找停車位的時間。

7．多讀些有關修理（打理家居）、投資致富的實用手冊，最好從圖書館借，或從網路上下載，省錢。

8．簡化生活，買二手汽車，到平價商店或拍賣場等處購物。

9．買東西時別忘了想想「花這錢值不值得」。便宜貨不見得划得來，價錢貴的也不一定能保證質量。

10．絕對要殺價。你不提出，店家絕不會主動降價賣給你東西。

智慧之泉

有位經濟學家說：「你省下來的一塊錢，大於你賺進的一塊錢。」大多數富翁都有節約的「笑料」，這也是有人常說的：「越有錢的人越小氣。」

22 富人的金錢觀

當一個人不具備尊嚴時，你所給予他的尊嚴他是不會珍惜的。相反，一個飽受困頓之苦的人，反而會看重自尊。

有個窮人，從來不肯奉承富人。富人問他：「我是富人，你為什麼不奉承我呢？」

窮人說：「你有你的錢，你又不肯白白地給我，我為什麼要奉承你呢？」

「好吧！我把我的錢，拿五分之一分給你，你肯奉承我嗎？」

「那還是不公平，我還是不奉承你！」

「那麼，分一半給你，你該奉承我了吧？」

「那時候，我和你是平等的，我為什麼還要奉承你！」

「那麼，全給了你，總應該承奉我了吧！」

「那時候，我已是富人，你倒是應該奉承我了。」

智慧之泉

金錢對人而言，本是一件了不起的東西，本是替人提供美妙機會的一種手段。這不是說有錢的人要比別人更有價值。如果把自己看得「不如」他們，會妨害建立自信的進程。要記住，我們也是了不起的人，我們的權利和別人的權利是一樣重要的。

23 生命的冬天

為了讓身心得到安頓，休息是絕對必要的。

一位正直的老人在酷熱難當的天氣裡親手耕犁他的土地，親手把純淨的種籽播撒進鬆軟的土地裡。

忽然，在菩提樹的廣大樹蔭下，一個神的幻象出現在他的面前！老人非常驚訝。

「我是所羅門，」這個幽靈用親切的口吻說：「你在這兒做什麼，老人家？」

「如果你是所羅門，那你還問什麼？」老人回答說：「在我童年的時候，你叫我到螞蟻那兒去，我看到它們的所作所為，從它們那裡學會勤奮和積蓄。我從前學到什麼，我現在就要做什麼。」

「你只把功課學會了一半，」幽靈說：「再到螞蟻那兒去一次，還要從它們那兒學會在你生命的冬天裡去休息、去享受自己的貯藏。」

174

智慧之泉

其實不單休息是為了要走長遠的路，走長遠的路更是為了休息。學習讓身心常保自在，工作自然省力。

24 逆向操作

　　轉個彎兒吧，神奇結果就在前頭等著。

　　日本有家「東洋人造絲公司」，他們在生產中遇到一個難題，即合成每根紗的5根線粗細總是紡不均勻，技術人員想盡辦法也解決不了這個難題，大量次級品直接影響了公司的效益。

　　這時有個生產班長建議，既然5根線紡不均勻，何不索性生產一種表面粗糙的布料，給一貫追求光滑閃亮衣服的顧客來個驚奇呢？

　　於是，公司採納了他的建議，結果這種表面粗糙、質地柔軟的新型布料投入市場之後，出乎意料地很受顧客歡迎。次級品的處理辦法通常是銷毀或降價銷售，而日本那家公司轉換思路，使次級品搖身一變為暢銷品，收到意想不到的效果。

智慧之泉

　　在工作和生活中，只要善於打破習慣思維的枷鎖，擴展思維的新視窗，就會在處理問題時收到意想不到的效果。

25 以逸待勞

穩住，只要你遇事從容沉著而不慌亂，你將立於不敗之地。

宋代沈括所著《夢溪筆談·權智》中講了這樣一個故事——

北宋名將曹瑋在鎮戎軍任上，有一次率軍與吐蕃軍隊作戰，初戰告捷，敵軍潰逃。曹瑋故意命令士兵驅趕著擄獲的一大群牛羊往回走。牛羊走得很慢，落在了大部隊後面。有人向曹瑋建議：「牛羊用處不大，又會影響行軍速度，不如將它們扔下，就能安全、迅速趕回營地。」

曹瑋不接受這一建議，也不作任何解釋，只是不斷派人去偵察吐蕃軍隊的動靜。吐蕃軍隊狼狽逃竄了幾十里，聽探子報告說，曹瑋捨不得扔下牛羊，致使部隊亂烘烘地不成隊形，便掉頭趕回來，準備襲擊曹瑋的部隊。曹瑋得到這一情報，便讓隊伍走得更慢，到達一個有利地形時，便整頓人馬，列陣迎敵。

當吐蕃軍隊趕到時，曹瑋就派人傳話於對方統帥：「你們遠道趕來，必定很疲勞。我們不想趁別人勞累時佔便宜，請你讓兵馬好好休息，過一會兒再決戰吧！」

吐蕃將士正苦於跑得太累，很樂意地接受了曹瑋的建議。等吐蕃軍隊歇了一會兒，曹瑋又派人對其統

帥說：「現在你們休息得差不多了吧？可以上陣打一仗啦！」於是雙方列隊開戰，只一個回合，就把吐蕃軍隊打得大敗。

這時曹瑋才告訴部下：「我扔下牛羊，吐蕃軍隊就不會殺回馬槍而消耗體力，這一去一來的，畢竟有百里之遙啊！我如下令與遠道殺來的吐蕃軍隊立刻接戰，他們會挾奔襲而來的一股銳氣拼死一戰，雙方勝負難定；只有讓他們在長途行軍疲勞後稍事休息，腿腳麻痺、銳氣殆盡後再開戰，才能一舉將其消滅。」

曹瑋深諳這一心理，從而使他在兩軍對陣中大獲全勝，建下奇功。

智慧之泉

一鼓作氣，再而衰，三而竭。以逸待勞，智取者勝。這些是古今兵家的經驗之談。

是非對錯

世界上有很多事情，並不一定是「非錯即對」。

有兩個園丁在菜園裡為主人幹活。園丁甲看見白菜葉上生了蟲，便把蟲捉掉踩死。園丁乙看到了，就埋怨他不該踩死蟲。於是，兩個園丁便吵了起來。這時，主人帶著管家走了過來，責問他倆為什麼吵架。

園丁甲說：「主人，我看到蟲子在吃白菜，就把蟲踩死。我覺得不消滅蟲子，怎能保護白菜呢？」

主人點點頭：「你說的對，完全對！」

園丁乙說：「主人，蟲子也是一條生命，它不吃白菜怎麼能活呢？而甲卻把蟲子踩死。我要是不阻止他，怎麼能保護蟲子的生命乃至整個生態平衡呢？」

主人也點點頭：「你說的對，完全對！」

在一旁的管家有些迷惑不解，悄聲地問：「主人，根據邏輯學上的道理，要是兩種觀點發生矛盾的話，其中必有一錯，不可能都是對的。」

主人又點點頭：「你說的對，完全對！」

智慧之泉

十多年前，我讀到這段故事，心裡總是犯嘀咕：他們到底哪個人說對了？十多年後，我又讀到這段故事，心裡還是犯嘀咕：為什麼人們總覺得只可能一個人說對了呢？

27 小事物、大發現

不要忽視周遭的小事，用心看世界，新發現就在你身邊。

有一位教授洗完澡後，拔掉澡盆的活塞放水。他發現水流在排水口形成了漩渦，是向左旋的。

這件不起眼的事引起了他的好奇。他又在其他器具上做實驗，並且觀察河流中的漩渦，結果發現它們都是向左旋的。教授於是聯想到，這種現象大概與地球自轉的方向有關。

果然，在南半球國家，孔道水流的漩渦是右旋的；而赤道地區的孔道水流並不形成漩渦。最後，這位教授總結出了孔道流水的規律，提出一種新觀點，在研究颱風等方面具有實用價值。

智慧之泉

一些不起眼的小事，往往蘊藏著大規律。許多科學上的重大的發明都是由一些「司空見慣」的小事觸發的。

28 邱吉爾炒股票

　　認清自己的專長所在，將使你的失敗減少一些。

　　一九二九年，邱吉爾的老朋友、美國證券巨頭伯納德・巴魯克陪他參觀華爾街股票交易所。那種緊張熱烈幾近瘋狂的氣氛，深深地感染了這位身經百戰的第二次世界大戰的歐盟大元帥。

　　「老狐狸」邱吉爾要玩股票了。邱吉爾的頭一筆交易很快就被套住了，這叫他覺得很丟臉。於是，他又瞄準了另一支很有希望的英國股票，但股價偏偏不聽他的指揮，一路下跌。他又被套牢了。

　　如此折騰了一天，邱吉爾做了一筆又一筆交易，陷入了一個又一個泥潭。下午收市鐘響，邱吉爾驚呆了，他已經資不抵債，要破產了。正在他絕望之時，巴魯克遞給他一本帳簿，上面記錄著另一個溫斯頓・邱吉爾的「輝煌戰績」。

　　原來，巴魯克早就料到像邱吉爾這樣的大人物，其聰明睿智在股市之中未必有用武之地，加之初涉股市，很可能會賠了夫人又折兵。因此，他提前為邱吉爾準備好了一根救命的稻草，並吩咐手下用邱吉爾的名字開了另一個賬戶，代邱吉爾進行操作，也因此一天下來為邱吉爾賺了不少錢。

　　邱吉爾自己雖守口如瓶，而巴魯克則記述了這樁趣事。

智慧之泉

俗話說「隔行如隔山」。在自己熟悉的行業裡翻手為雲、覆手為雨的人，在另外一個他不熟悉的行業，卻不一定也會是個高手。

成功的目標

很多時候，人們的失敗並不僅僅在於前進路上的艱難，而在於沒有信心看到成功的目標。

馬拉松比賽正在進行著。後來，有兩個人逐漸地甩開了後面的人，跑到了前面。由於長時間的奔跑，已經使他們的體力消耗很大了，但是他們依然堅持著向前跑。這時的天氣很不好，霧很濃，幾十公尺內幾乎看不清東西，後來天空又漸漸的飄起了小雨，又給比賽增加了相當的困難度。

跑在最前面的一個人，依然在拼命的跑著，他不管霧有多大，也不去理會，但他卻擔心會被腳下的雨水給滑倒，他始終注視著腳步下不遠的地方。

而跟在他後邊的另外一個人卻把頭昂得高高的，他始終在注視著目標，他心裡在不停的默念著：終點，終點，我就要到達終點了。

漫長的比賽，兩個人的體力都支持不住了，現在他們和剛才一樣僅相差幾公尺之遠。

又過了一陣子，跑在最前面的人，終於累倒在地上起不來了。

第二個人也感覺要趴下了，但是他卻猛然發現終點就在他前面的幾十公尺處，透過迷霧，他隱約可以看見終點處擺動的旗幟，所以，他猛然又增添了新的動力，頑強地跑到了終點。

182

智慧之泉

成功的目標是一種動力，可以促使我們繼續前進。記住，不要被面前的霧迷住了眼睛，要相信霧的後面就是成功的目標，在那裡正有輝煌和榮耀等著呢。

30 生命只有一次

千金難買早知道，逝去的將難再追回。當你在生活中為了昨日斤斤計較時，請想想，你的生命只有一次！

父親生命垂危，兒子守在他的身旁，並請來了牧師為他祈禱。

父親喃喃地說：「生命已到了盡頭，現在才感覺到原本生活是如此的美好啊，假如可以再活一次，那是多麼快樂的一件事啊！」

牧師安慰他說：「一旦上了天堂，你的靈魂也是不朽的啊！」

父親無力的搖搖頭。

兒子忍不住問：「父親，假如可以再活一次，你會怎麼樣呢？」

父親眼裡閃現著光芒：「假如可以再活一次，我會儘量地避免錯誤。我會放鬆自己，柔軟靈活一些。我甚至可以比過去愚笨一點，我不願意再像現在對每一件事都緊張兮兮的。以前我活得太累了，專於心計，又愛斤斤計較，生活得一點都不輕鬆。我還會多出門旅遊，多爬幾座高山，多遊幾條河，多看些日出日落，多唱一些動聽的歌，我會多吃些冰淇淋，少吃些甜點。我會多做些實際的事情，而非只是憑空想像。其實，我的很多日子都是在空想中虛度。這你也

知道，我是一個小心謹慎的人，每時每刻都保持著理智。假如可以再活一次，我會多享受<u>一些</u>，我會放鬆自己，享受生命的每一刻，而不是時常想著未來如何，並且會放鬆心情去工作、做事。假如可以再活一次，我絕不會因為一點雞毛蒜皮的小事與鄰里爭吵，也不會因為別人的過失而耿耿於懷，現在想想，那都是多麼愚蠢的事情啊！」

智慧之泉

是啊，假如可以再活一次，這是多麼美好的願望。但是我們的生命卻只有一次啊！為了不讓自己留下遺憾，我們應該銘記這位父親臨終前的肺腑之言。

人生最重要的

把握現在，珍惜身邊的人，讓你的人生充滿無限的愛！

托爾斯泰講過一個很有名的故事。

有位國王想勵精圖治，他覺得如果有三件事能夠解決，則國家立刻可以富強。第一，如何預知最重要的時間。第二，如何確知最重要的人物。第三，如何辨明最緊要的任務。

於是群臣獻策說，把時間支配得正確，最好是列表；國家最重要的任務是培養教師或科學家；而當務之急是弘揚科學與嚴明的法律。

國王對這些答案不滿意。他就去問一個隱士，隱士正在墾地，國王懇求隱士的忠告，但隱士並沒有回答他。這個隱士挖土累了，國王就幫他的忙。

天快黑時，遠處忽然跑來一個受傷的人。於是國王與隱士把這個受傷的人先救下來，裹好了傷，抬到隱士家裡治療。

翌日醒來時，這位傷者看了看國王說：「我是你的敵人，我昨天知道你來訪問隱士，我準備在你回程時截擊，可是被你的衛士發現了，他們追捕我，我受了傷逃過來，卻正遇到你。感謝你的救助，我不再是你的敵人了，我要做你的朋友。」

國王看了看隱士，還是懇求他解答那三個問題。

隱士說：「我已經回答你了。」

國王說：「你回答了我什麼？」

隱士說：「你如不憐憫我的勞累，因幫我挖地而耽擱了時間，你昨天回程時，就被他殺死了。你如不憐恤他的創傷並且為他包紮，他不會這樣容易地臣服你。所以你所問的最重要的時間是『現在』，只有現在才可以把握。你所說的最重要人物是你『身邊的人』，因為你立刻可以影響他。而世界上最重要的的『愛』，沒有愛，活著還有什麼意思？」

智慧之泉

托爾斯泰在故事中講述了三個「最重要的」——「把握現在」、「關心身邊的人」和「去愛別人」。這三個「最重要的」隱藏著深刻的人生哲理。

忍辱求安

小不忍則亂大謀，逞一時之快所得到的勝利，往往只是暫時的。

寒山、拾得是唐代著名的詩僧。寒山在大曆年間曾經隱居天台翠屏山，此山又名寒岩，所以他自號為「寒山子」。

他的詩大多富有禪理，令人回味無窮。例如，他有一首詩是這樣說的：

有人辱罵我，

分明了了知。

雖然不應對，

卻是得便宜。

這首詩所表達的內容，充滿了為人處世的機智。平白無故地被人辱罵，當然很不樂意。但應該知道，這種張口就罵的人，一般都沒有修養，沒有風度，所以有什麼必要與他們爭論不休呢？

忍辱求和、受辱不怨，既是一種處世方法，也是一種高尚情操。如果人們都為了一點小事而懷恨在心，矛盾就會逐漸擴大，以至於冤冤相報，不可收拾，反之，如果遇到矛盾，能大事化小，小事化了，互相謙讓，就可以化干戈為玉帛，人類就能夠在一個和平、安靜的環境中生存了。

寒山子所以作上述這首詩，是因為有人問他：
「如果有人罵你辱你欺你，該怎麼辦呢？」

　　他笑了一笑，回答道：「人來罵你辱你欺你，你
且忍他容他讓他。」說完又以詩言志——將詩刻於竹
林之中。

智慧之泉

在人與人之間並沒有根本的利害衝突，應該互相
忍讓。能忍者，德量必大；不能忍者，一定心胸
狹窄。

33 把握現在

　一天早餐後，有人請佛陀撥空指點。佛陀邀他進入內室，耐心聆聽此人滔滔不絕地談論自己存疑的各種課題達數分鐘之久，最後，佛陀舉手，此人立即住口，想要知道佛陀要指點他什麼。

　「你吃早餐了嗎？」佛陀問道。

　這人點點頭。

　「你洗了早餐的碗嗎？」佛陀再問。

　這人又點點頭，接著張口欲言。

　佛陀在這人說話之前說道：「你有沒有把碗晾乾？」「有的，有的，」此人不耐煩地回答：「現在你可以為我解惑了嗎？」

　「你已經有了答案。」佛陀接著把他請出了門。

　幾天之後，這人終於明白了佛陀點撥的道理。佛陀是提醒他要把重點放在眼前──必須全神貫注於當下，因為這才是真正的要點。

智慧之泉

目標越大，得失越大，挫折感也就越大。也許你該放棄那些大而美麗的目標，把重點放在伸手可及的眼前。

34 巴洛特夫的實驗

　　俄國的諾貝爾獎得主巴洛特夫，曾經用狗做了一個令人印象深刻的實驗。

　　他將一條接有高壓電的電線碰觸狗的前腿，當它受到電流震擊之後立刻縮腿，同時狂吠不休，這時，他就把一塊新鮮的牛肉丟到籠子裡面。

　　他連續不斷地進行同樣的實驗，慢慢地，這狗懂得只要忍著一時的痛苦，就可以換來一頓美食。

　　幾天後，狗不再像剛開始時，一看到他拿著那根電線走近，便渾身發抖地退後，或是狂吠不已，反而主動湊上前去，甚至把腳伸出。而且，一碰到電線後也不立即跳開，因此，沒多久就讓高壓電給活活電死了。

智慧之泉

俗話說：「人為財死，鳥為食亡。」人與動物一樣，若沒有一定的毅力和正確的認識，就會在貪慾的驅使下，一步一步地習慣於危險，直至走向滅亡。

滿足的富翁

有一個老人在住家邊上的一塊空地豎起一塊牌子，上面寫著：「此地將送給一無所缺，全然滿足的人。」

一名富有的商人，騎馬經過此處看到這個告示牌，心想：此人既要放棄這塊土地，我最好捷足先登把它要下來。我是個富有的人，擁有一切，完全符合他的條件。

於是，他叩門說明來意。

「你真的全然滿足了嗎？」老人問他。

「那當然，我擁有我所需要的一切。」

「果真如此，那你還要這塊土地做什麼？」

智慧之泉

得隴望蜀，人的欲望沒有滿足的時候；越是富有的人，其佔有慾也越強烈。

36 款待上帝

善待別人等於善待自己。

有一個信仰十分敬虔的老先生，夜裡夢見上帝次日要來拜訪他。

老先生從夢中驚醒，非常高興，於是用心地計劃要如何款待上帝。

他費心預備了許多美食和珍貴的禮物等待上帝的來到。直到天黑了，上帝都沒有來，等著等著，不知不覺他便睡著了，在夢中聽見上帝呼喚他，並且謝謝他的招待。

老先生納悶地說：「主啊！我等了一整天，您都沒有來。為何還謝謝我？」

上帝說：「我今天已三次到你家。我就是喝你冰水的郵差、吃你的美食的乞丐和收你禮物的孤兒。」

智慧之泉

其實人人都是上帝，當然也包括我們自己。

37 駱駝穿過針眼

耶穌動身到耶路撒冷的路上，一個富人走過來問他：「我若是想要長生不老，應當怎麼做呢？」

耶穌告訴他要遵守戒律，富人回答說他從非常年輕時就一直遵守。耶穌又說：「把你所擁有的都給窮人，這樣你就會在天堂擁有財寶。跟我來吧。」

但這個富人有許多許多的財產，他捨不得要和這些寶貝分手。在耶穌所邀請跟他走的所有人中，只有這個富人拒絕了。

耶穌後來說：「讓一個富人進入天國，比讓一隻駱駝穿過針眼還難。」

智慧之泉

愛錢，並沒有錯。但千萬不要因此淪為金錢的奴隸，而失去更多原本更為重要的東西。

194

38 吃虧成功術

勤奮的愛迪生試驗過一千種以上的材料，最後才找到鎢絲，認為那是最理想的電燈泡的燈絲。

愛迪生曾說：「九百多次試驗的失敗，對我並不是損失。依我的看法，那九百多次的失敗，也是收穫。我獲得了寶貴的知識，知道有九百多種材料是不適合拿來做燈絲的。」

這話跟他的「天才的定義」同樣有名。他給天才所下的定義是：「1%的靈感，加上99%的汗水。」

是什麼力量支持愛迪生不斷忍受九百多次失敗，一點兒也不氣餒？答案就是——濃厚的工作興趣。

愛迪生也是一個出色的「生意人」。

在出售他的發明品時，他表現出非常卓越的「生意眼光」，並且深懂生意人的技巧。

他23歲把股票行情記錄機的新設計，賣給一家電報機製造公司的董事長。當時他心裡的打算是：要價五千美元，能得到三千美元就出售。但是最後他跟董事長勒佛茲將軍說的是：「我看，還是將軍您說個價兒。」

董事長想了一會兒，說：「我給四萬，你看夠不夠？」

愛迪生雙腿發軟，雙手扶住桌子，說：「這個數目還算公道。」

愛迪生試驗燈絲，如果還打他的鐵算盤，那麼，在頭一次失敗的時候，他必定會馬上「收攤兒」，因為他費了時間，花了錢，而且「糟蹋」了身體，結果並沒什麼收穫。

　　不過，愛迪生並不是一個那麼容易就「收攤兒」的人。他有一種特殊的「天賦」，就是很容易對工作入迷，一下子就能發現工作中隱藏的許多沒法子形容的樂趣。

智慧之泉

這種工作興趣，不，這種「能在工作中享樂」的天賦，使他一輩子都過著神仙般的日子。

人　緣

　　我跟某公司的董事長做了多年鄰居。當他的公司
財源旺盛的時候，他的汽車輾扁了別人的小雞；他的
狼犬四處溜達，對著鄰家的小孩露出可怕的白牙；他
修房子把建材堆在鄰居家的車道上……坦白地說，他
在鄰居中沒有什麼人緣。

　　後來，他的公司因周轉不靈而歇業，我們經常在
巷道中相遇，我步行，他也步行。他的臉上有笑容
了，他的下巴收起來了，他家的狼犬拴上鏈子，他也
經常摸一摸鄰家孩子的頭頂。可是，坦白地說，他仍
然沒有什麼人緣。

　　後來他專心改善公司的業務。終於，公司又「生
意興隆通四海」，他又有私人汽車可坐了，不過，他
的座車從此不再按嗽叭叫門，並且在雨天減速慢行，
以免車輪把積水濺到行人身上。他的下巴仍然收起
來，仍然有時伸手摸一摸鄰家孩子的頭頂。

　　後來，他要搬家了，全體鄰居依依不捨送到公路
邊上，真誠地和他道別。

智慧之泉

　人大概經過挫折之後，才知道人際關係的可貴。
　你必須尊重別人，別人才會尊重你。

第五輯　想改變命運的人

197

40 左手與右手

南京有一位國畫家，從事繪畫藝術已有20多年。

在一次偶然的事故中，他的右手嚴重受傷，無法執筆作畫。

痛苦之餘，這位畫家嘗試用左手繪畫，經過一段時間的熟練之後，他驚喜地發現，由於左右手的易位，使他認識到並打破了許多不必要的條條框框，這些條條框框原先存在於畫家的意識中或潛意識中。

結果，他現在用左手作畫，大膽奔放，筆筆到位，墨趣橫生，整個畫面顯得既樸拙鮮活，又率真自然。這種效果正是畫家用右手作畫十餘年苦苦探索而又覓之不得的境界。

朋友們看了他的新作，都開玩笑地說：「你真是因禍得福啊！」

智慧之泉

「塞翁失馬，焉知非福」，我們又何必斤斤計較一時的得失呢？

41
現代女人的困境

「女為悅己者容」，別忘了多愛自己一點。

我有時會杞人憂天地想：現在的減肥熱會不會發展成幾百年前的裹腳熱？那時被視為女人美麗標本的「三寸金蓮」，在現代人眼中是殘忍和不可理喻的；今天女人夢寐以求的標準「三圍」，也許在將來人們的審美理念下，同樣是病態愚昧的和違反人性的。

女性與自己身體為敵，總是與男人有關。因為楚王好細腰，於是六宮粉黛餓死無數；因為被陌生男人拉了一下袖子，女人便要砍斷胳膊，以示純潔；因為古代男人愛看小腳，所以女人都懷有一種悲壯的心情戕害自己。

現代社會女人越發對自己的身體咬牙切齒百般挑剔。減肥導致的營養不良、胃病、厭食症的例子屢見不鮮。一位明星在產後過早束腰，落下子宮嚴重下垂症，至於那些本想美容，在身上割割弄弄，最後反而毀容的女人，只能遺恨終生。

女人和自己身體的戰爭，自古以來，好像從來也沒有停止過。

男人幸運得多，楚王不需要餓肚子，朱熹無須作弄自己的雙腳，今天的男人也大可不必受減肥、美容之苦。男人是觀賞者，女人則成了審美對象；男人是遊戲規則的制定者和裁判者，女人只是實踐者。

舞台上骨瘦如柴的模特兒成了美和時尚的代言人；減肥藥、減肥茶、減肥鞋無處不在地轟炸人們的視覺和聽覺；裝釘越精美的女性讀物無微不至地教導您「年輕10歲的祕訣」。在這樣無形的文化環境的威壓和逼迫下，女人已經無路而逃了。

智慧之泉

時尚這東西很可怕，它一旦得了勢，是毫不講理的。它呼嘯而來呼嘯而去，以摧枯拉朽的力量裹挾著人們原本脆弱而又孤立無援的自我意識。人們為之瘋狂，卻不知道為什麼瘋狂。人們被牽引著加入潮流，也許有一天，看厭了瘦骨嶙峋的趙飛燕，人們會懷念豐滿可人的楊玉環呢！

42 追夢的人

「應酬」往往只是人們愛慕虛榮與不甘寂寞的藉口。

人的一生有多少應酬，恐怕誰也說不清，有人應酬是為了工作，有人工作是為了應酬，有的人工作就是應酬，應酬就是工作。

有些名人一方面喜熱鬧，耐不住寂寞，喜歡沉醉於那種被邀來請去、前呼後擁的尊崇感、榮耀感當中，喜歡被人當萬靈膏一樣到處貼，到處信口開河指點江山，彷彿自己是無所不能的神，把自己的家弄得天天都像召開記者會；一方面又暗自感嘆自己分身乏術，不能靜下心來扎扎實實地做點學問，在忙不完的應酬、開不完的會、接待不完的採訪中渾渾噩噩虛度光陰。想來想去，被簇擁的感覺還是比坐冷板凳滋味好，否則多拒絕幾次不就得了。

像錢鍾書那樣大門緊閉，深居簡出，不見「不三不四的人」，不說「不痛不癢的話」，不吃「不明不白的飯」，不花「不清不白的錢」，並且宣稱：如果你覺得難蛋好吃，何必非見到母雞呢？這樣既不影響別人吃蛋，也不影響母雞下蛋。何樂而不為？多拒絕幾次，就是那些不請自來的不速之客，也會退避三舍的，誰願意自討沒趣呢？

凡是窮漢，身居鬧市無人問，門庭冷落鞍馬稀，

沒人打擾也沒有人湊熱鬧。名人也是人，遇到「執子之手，與子偕闊」的肝膽相照、心有靈犀一點通之人，我想任何人都不會輕易拒絕的。但這樣的機遇一生有多少呢？名人比凡人更清楚這一點。

身為名人，而沒有一點超凡脫俗的氣質，沉湎於酬酢，陶醉於無聊的吹捧和庸俗的應和，終歸還是一個俗人罷了。

智慧之泉

人生一世，既非野鶴閒雲，也非高山獨樹，任何人都離不開應酬。但凡人也好，名人也罷，十之八九的應酬，那個「度」還應掌握在自己手裡，要有一顆平常心，兩隻銳眼。不要以為自己就有多麼重要，世界離開了任何人都不緊不慢、不急不緩照常運轉，我們都不過是它的匆匆過客，一粒灰塵，一絲微風，一個深洋中的漣漪罷了。

回頭再看一眼 43

眼見不一定能為憑，多看幾眼再下定論吧！

美國作家馬里傑・尼格講過這樣一個故事——

我年輕時自以為了不起。那時我打算寫本書，為了在書中加進點地方色彩，就利用假期出去尋找。我要去那些窮途潦倒、懶懶散散混日子的人們當中找一個主人公，我相信在那兒可以找到這種人。

一點不差，有一天我找到了這麼個地方，那兒到處都是荒涼破落的莊園、衣衫襤褸的男人和面色憔悴的女人。

最令人激動的是，我想像中的那種懶惰混日子的角色也找到了：一個滿臉亂鬚的老人，穿著一件褐色的工作服，坐在一把椅子上，為一小塊馬鈴薯地鋤草，在他的身後是一間沒有油漆的小木棚。

我轉身回家，恨不得立刻就坐在打字機前寫出這個場景。而當我繞過木棚在泥濘的路上拐彎時，又從另一個角度朝老人望了一眼，這時我下意識地突然停住了腳步。

原來，從這一邊看過去，我發現老人的椅邊靠著一副殘疾人的拐杖，有一條褲腿空蕩蕩地直垂到地面上，雖然身體上有著重大的缺陷，他仍努力工作、自食其力。

頓時，那位剛才我還認為是好吃懶做混日子的人

203

物，一下變成為一個百折不撓的英雄形象了。

　　從那以後，我再也不敢對一個只見過一面或聊上幾句的人，輕易做出判斷和下結論了。

智慧之泉

人不可戴著有色眼睛去觀察事物，比如，先戴上紅眼鏡，整個世界頓時充滿了朝霞、火焰、鮮血和杜鵑花之類的事物；再換上藍眼鏡，整個世界就成了一片晴朗的天空和遼闊的大海；再換上一副黑眼鏡，世界便沉入深夜⋯⋯

44 寬容別人＝快樂自己

　　每個人都有自己的優點和缺點，過分苛求別人的完美是不應該的。「水至清則無魚，人至察則無徒」說的就是這個道理。寬容別人的缺點，常常會得到意想不到的效果，而寬容別人的錯誤也能收到同樣的效果。

　　有一位參加美國人際關係卡耐基訓練班的學員，把寬容的原理運用到自己的家庭，使得家庭關係十分融洽。有一天，他妻子請他講出她的任何六項缺點，以便她改進而成為更好的妻子。這位學員想了想說：「讓我想一想，明天早晨再告訴妳。」

　　第二天一大早，學員來到鮮花店請花店給妻子送六朵玫瑰，並附上一個紙條：「我實在想不出妳需要改變的六個缺點，我就愛妳現在這個樣子。」

　　朋友，如果是你的話，你知道該怎麼做了吧！

智慧之泉

從辯證法的角度來說，每個人自己身上都有缺點和錯誤；從創新思維的角度來說，所謂「缺點和錯誤」，只是某些人從某種視角看起來是缺點和錯誤，如果換一些人或者換一個視角來看，則不一定算是缺點和錯誤，甚至還是優點和正確的呢！

第五輯　想改變命運的人

205

45 有一個人可以幫你

相信自己，你就是自己的貴人。

一個經理，他把全部財產投資在一種小型製造業上，但由於世界大戰爆發，他無法取得工廠所需要的原料，因此只好宣告破產。金錢的喪失，使他大為沮喪。於是他離開妻子兒女，成為一名流浪漢。他對於這些損失無法忘懷，而且越來越難過。到後來，甚至想要跳湖自殺。

一個偶然的機會，他看到了一本名為《自信心》的書。這本書給他帶來勇氣和希望，他決定找到這本書的作者，請作者幫助他再度站起來。

當他找到作者，說完他的故事後，那位作者卻對他說：「我已經以極大的興趣聽完了你的故事，我希望我能對你有所幫助，但事實上，我卻絕無能力幫助你。」

他聽了，臉立刻變得蒼白。他低下頭，喃喃地說道：「這下子完蛋了。」

作者停了幾秒鐘，然後說道：「雖然我沒有辦法幫你，但我可以介紹你去見一個人，他可以協助你東山再起。」

話剛說完，流浪漢立刻跳了起來，抓住作者的手，說道：「看在老天爺的份上，請帶我去見這個人。」

於是作者把他帶到一面高大的鏡子面前，用手指著鏡子說：「我介紹的就是這個人。在這世界上，只有這個人能夠使你東山再起。除非坐下來徹底認識這個人，否則你只能跳到密西根湖裡。因為在你對這個人做充分的認識之前，對於你自己或這個世界來說，你都將是個沒有任何價值的廢物。」

他朝著鏡子向前走幾步，用手摸摸他長滿鬍鬚的臉孔，對著鏡子裡的人從頭到腳打量了幾分鐘，然後退了幾步，低下頭，開始哭泣起來。

幾個月之後，作者在街上碰見了這個人，幾乎認不出來了。他的步伐輕快有力，頭抬得高高的。他從頭到腳打扮一新，看來他已經邁向成功的階梯了。

智慧之泉

自信心是一個人做事情與活下去的支撐力量，沒有了這種信心，就等於自己給自己判了死刑，誰也幫不了你。

國家圖書館出版品預行編目資料

只為成功找出口，不為失敗找藉口／林芸 著 -- 初
版-- 新北市：新潮社，2019.12
　　冊；　公分
　　ISBN 978-986-316-750-1（平裝）
1.自我實現 2.生活指導

177.2　　　　　　　　　　　　108017564

只為成功找出口，不為失敗找藉口

作　　者　林芸
企　　劃　天蠍座文創製作
出　　版　新潮社文化事業有限公司
　　　　　電話 02-8666-5711
　　　　　傳真 02-8666-5833
　　　　　E-mail：service@xcsbook.com.tw

印前作業　東豪印刷事業有限公司
印刷作業　福霖印刷有限公司

總 經 銷　創智文化有限公司
　　　　　新北市土城區忠承路 89 號 6F（永寧科技園區）
　　　　　電話 02-2268-3489
　　　　　傳真 02-2269-6560

初　　版　2019 年 12 月